파이프 오르간 연주곡집 (2)

전 옥 찬 편저

■ 머리말

저는 대학의 파이프오르간 강사로, 또 교회의 파이프오르간 연주자로 활동하면서 교회의 예배나 전례의 내용에 부합하면서도 연주자들이 쉽게 연주할 수 있고 또 신자들도 쉽게 이해할수 있는 오르간 곡들을 모아 놓은 책이 필요하다는 것을 절실하게 느껴 **1999년 11월에 「파이프오르간 연주곡집 (1)」**을 출판한 바 있습니다. 그로부터 2년이 지난 2001년 여러분들의 따스한 반응에 힘입어 제2권을 냈고, 2025년 개정판을 출간하게 되었습니다.

저는 무엇보다도 다음과 같은 점들에 유의하였습니다. **먼저** 제2권은 **연말과 새해, 그리고 대림, 성탄, 주님공현 등의 시기**를 주제로 하는 곡들로 구성하였습니다 (제3권에는 주님의 고난 (사순시기), 부활 승천, 성령강림 시기를 주제로 한 곡들이 수록되어 있습니다). **둘째,** 가급적 쉽고 아름다우며 재미있는 곡들을 선정하였습니다. **셋째,** 수록된 작품의 **작곡가나 용어, 스톱 사용법** 등에 관한 간명한 해설을 기재하였습니다. **넷째,** 국내에 여러 나라의 파이프오르간이나 전자오르간이 사용되고 있어 연주자들이 스톱 사용시 언어상의 혼란과 어려움을 겪고 있는 현실을 감안하여 **스톱에 관한 주요 나라의 용어**를 정리하여 수록하였습니다. 끝으로 **파이프오르간의 역사와 구조** 등에 대한 간략한 설명을 수록하여 독자들의 이해를 돕고자 하였습니다

제2권도 제1권과 마찬가지로 가톨릭교회나 개신교회에서 오르가니스트로 봉사하는 분들을 비롯하여 오르간 음악을 즐기는 모든 분들이 널리 이용할 수 있도록 가급적 쉽게 편집하였습니다. 아울러 이 책을 이용하실 때 한 가지 유의하실 점이 있는데, **전주곡**은 전주곡으로서만이 아니라 음색, 강약, 박자 등을 조절하여 **간주곡**이나 **후주곡**으로도 사용할 수 있고, **후주곡** 또한 **전주곡**이나 **간주곡**으로도 연주할 수 있다는 점입니다. 그러나 연주곡의 선택은 절기나 예배 또는 전례의 내용에 맞게 이루어져야 하므로, 가령 **성탄곡**을 사순시기나 부활시기에 연주하는 것은 곤란합니다.

끝으로 이 책이 나올 수 있도록 여러 가지 배려를 아끼지 않으신 출판사 솔과학의 김재광 사장님, 그리고 어려운 편집 작업을 맡아 수고해 주신 블루 디자인 직원들께도 충심으로 감사를 드립니다.

2025년 1월 편저자

■ 차례

■ 파이프오르간의 역사와 구조

I. 파이프오르간의 역사

1. 파이프오르간의 기원과 발전

오르간이란 말은 '기구', '도구'라는 의미의 희랍어 'Organon'에서 유래되었으며, 14C 중엽에는 '악기의 여왕'으로 불리워졌다. 오르간의 전신은 구약성서에 나오는 우가브 (Ugab: 몇 개의 파이프를 조립하여 입으로 부는 우리의 전래 악기인 생황(笙簧)과 유사한 악기)라는 악기인데, 이를 기원으로 보면 그 역사는 2000년이 족히 넘는다.

파이프오르간은 기원 전 246년, 물의 힘으로 공기를 보내 판(Reed)을 열고 닫음으로써 파이프를 울리게 하는 수력오르간을 발명한 것이 효시가 되었다. 기원 후 757년 비잔티움을 중심으로 공기 작용에 의한 오르간으로 발전되었고, 9C에 이르러서는 교회의 수도원을 중심으로 독일의 쾰른, 스트라스부르그 그리고 로마에서 많은 제작과 발전이 있었다. 파이프오르간은 953년 쾰른 대성당에서 거행된 대주교 착좌식 때 처음으로 공식 사용되었으며, 1418년부터 발건(pedal)이 부착되기 시작하여 이후 르네상스와 바로크 시대를 거치며 각 나라마다 개성있는 발전을 해왔다.

오르간의 종류는 매우 다양하다. 그러나 엄밀한 의미의 오르간은 2단 이상의 손건반과 함께 발건반을 갖추고, 바람을 일으키는 장치를 통하여 일정한 압력을 만들어 이때 발생하는 바람을 건반을 누를 때마다 각 파이프로 보내 소리를 내는 파이프오르간을 말한다.
1970년대부터 우리 주변에서 흔히 볼 수 있게 된 전자오르간은 스피커를 통하여 파이프오르간의 자연음을 모방한 전자음을 창출하는 것으로, 본래 의미의 파이프오르간은 아니다. 그리고 우리나라에 피아노가 널리 보급되기 전에 학교에서 많이 사용되었던 풍금은 바람을 빨아들이는 방식의 리드오르간이다.

2. 우리 나라 파이프오르간의 역사

(1) 풍금 형식의 오르간 도입기

우리 역사상 넓은 의미의 오르간이라는 악기에 관하여 처음 언급한 사람은 홍대용(1731~1783)으로 알려져 있다. 물론 그가 본 것은 본격적인 오르간이 아니라 리드오르간인 풍금이었다. 어쨌든 그는 북경에 체류하던 기간 동안에 풍금의 구조를 면밀히 분석한 뒤 이를 직접 제작할 수 있다고 호언하였다고 한다.

최양업 신부도 천주교 박해 시대였음에도 불구하고 전례를 음악적으로 꾸미는 데 필요한 악기를 요청한 사실이 최 신부가 르그레조아(Legrégeois) 신부에게 보낸 라틴어 서간문에 나온다. 1890년 당시 조선에 진출해 있던 샤르트르 성바오로 수녀회가 프랑스 뮈델 신부로부터 오르간을 받았다는 사실이 기록되어 있는데, 이것이 현재 자료를 통해 확인된 우리 나라에 최초로 도입된 오르간이다.

(2) 한국에 파이프오르간이 본격적으로 설치되는 시기

1918년 정동제일감리교회에 한국 최초로 본격적 파이프오르간이 처음으로 설치된 후, 1923년 원주제일감리교회와 1924년 명동성당에도 잇달아 파이프오르간이 설치되면서 대중이 파이프오르간 음악을 접할 수 있게 된 것으로 알려져 있다. 그 후 우리 경제가 급속히 성장하는 1970년대 후반기부터 파이프오르간을 설치하는 종교기관이 점증하다 1990년 대부터는 그 수가 급속히 증가하고 있다(자세한 것은 다음 페이지의 전국 파이프오르간 현황표 참조).

| 전국 파이프오르간 현황 |

연번	파이프오르간 소재지	설치연도 및 제조사	손건반, 발건반, stop (음색)수	비 고
	1 샬트르 성 바오로 수녀회(서울)	1890 미국 Estey	손건반, portativ(이동 가능)	현재 샬트르 성 바오로 수녀회 박물관 소장
	2 정동제일감리교회(서울) 1	1918 독일 Vleugels 2003년 (1918년 설치된 것 복원) 독일 Vleugels	손건반 2, stop 7 손건반 2, 반건반, stop 21	1951년 1·4 후퇴 때 파괴
1945 년대 이전	3 원주제일감리교회(원주)	1923 제작사 미상	미상	F. Carlson 선교사 주선
	4 명동성당(서울)	1924 프랑스 cavalle-coll 방식 1960 미국(1890년 제작된 것 개조 후 설치) 1985 독일 Werner Bosch	손건반 2, 발건반, stop 5 손건반 2, 발건반, stop 21 손건반 3, 발건반, stop 35	한국전쟁으로 손실 혜화동 가톨릭대로 이전 기억장치 8개
	5 원산천주교성당(함경남도 원산)	설치년도 미상, 독일 제작사 미상	손건반 3, 발건반(파이프 1,500-2,000개)	해방 후 소련군 또는 전란으로 소실
	6 성베네딕토 덕원수도원(함경남도 덕원)	1932년, 독일 Klais로 추정	손건반 2, full pedal 장치(파이프 1,000-1,200개)	한국전쟁으로 소실
	7 삼각지성당(서울)	1934년 초연	손건반 1, stop 3	발건반 없는 Positiv
1950~ 1960년대	8 승동교회(서울)	1957 미국 Moeller Artisty Organ 2009 미국 Vincent Treanor III	손건반, stop 3 손건반 2, 발건반, stop 34	총신대로 이전 설치 외국으로부터 기증받은 오르간 수리 후 설치
	9 약현성당(서울)	1976 독일 Werner Bosch 2012 독일 Oberlinger + Orgelbau Ku	손건반 2, stop 8 손건반 1, stop 5 (파이프 253개)	1998년 방화로 소실 발건반 없는 초소형 오르간 트루겔
	10 연세대학교 루스채플(서울)	1976 독일 Werner Bosch → 2000년 개축	손건반 3, 발건반, stop 21	음악대학으로는 최초 설치
1970 ~ 1980 년대	11 세종문화회관 대강당(서울)	1978 독일 Karl Schuke	손건반 6, 발건반, stop 98 (파이프 8,098개)	연주대 2개
	12 성라자로마을(안양)	1980 독일 Werner Bosch	손건반 1, stop 3	발건반 없는 positiv
	13 연동교회(서울)	1982 미국 Henry H. Lindsey & Co	손건반 2, 발건반, stop 29 (파이프 2,000여개)	기억장치 10개
	14 대한성공회 서울대성당(서울)	1985 영국 Harrison & Harrison	손건반 2, 발건반, stop 20	
	15 혜화동성당(서울)	1987 독일 Werner Bosch	손건반 2, 발건반, stop 17	
	16 소망교회(서울)	1987 미국 Wicks	손건반 3, 발건반, stop 43	
	17 성베네딕토 수도원 구성당 (경북 칠곡) 1	1989 제작사 미상	손건반 1, 발건반, stop 6	독일 성 오틸리에 수도원에서 이전 설치
1990 년대	18 단국대 난파음악관(서울)	1990 독일 Speith	손건반 3, 발건반, stop 32 (파이프 2,220개)	
	19 동서울교회(서울)	1990 캐나다 Brunzema	손건반 2, 발건반, stop 16	독일 바로크 스타일 오르간
	20 중앙주교좌성당(부산)	1990 독일 Siegfried Sauer	손건반 2, 발건반, stop 21	Borken Remigius 성당 오르간을 기증받음
	21 대명동성당(대구)	1991 독일 제작사 미상	손건반 2, 발건반, stop 16	독일로부터 기증받음
	22 대흥침례교회(대전)	1991 독일 Speith	손건반 3, 발건반, stop 43 (파이프 2,736개)	
	23 이화여대 김영의 홀(서울)	1991 독일 Karl Schuke	손건반 3, 발건반, stop 37	
	24 이화여대 연습실(서울)	1991 독일 Karl Schuke	손건반 3, stop 7	
	25 양재 온누리교회(서울)	1992 오스트리아 Rieger	손건반 4, 발건반, stop 74	
	26 정동제일감리교회(서울) 2	1992 네덜란드 Pels & Van Leeuween	손건반 2, 발건반, stop 20 (파이프 1,460개)	
	27 횃불선교회관(서울)	1992 오스트리아 Rieger	손건반 4, 발건반, stop 78 (파이프 6,143개)	
	28 경동교회(서울)	1993 네덜란드 Pels & Van Leeuween	손건반 3, 발건반, stop 36	
	29 새로남교회(대전)	1993 미국 Paul Fritts	손건반 2, 발건반, stop 10	
	30 동수교회(서울)	1993 체코 Rieger-Kloss	손건반 2, 발건반, stop 13	
	31 가르멜여자수도원(서울)	1994 스페인 Gerhard Grenzing	손건반 2, 발건반, stop 8	
	32 공간울림(대구)	1994 독일 Oberlinger	손건반 2, 발건반, stop 7	
	33 광림교회(서울)	1994 독일 Johannes Klais	손건반 4, 발건반, stop 60 (파이프 4,143)	연주대 2
	34 대전중앙교회(대전)	1994 독일 Oberlinger	손건반 3, 발건반, stop 35	
	35 목5동성당(서울)	1994 독일 Karl Schuke	손건반 3, 발건반, stop 33, 종 39 (파이프 2,390)	
	36 부천순복음교회(부천)	1994 독일 Alfred Fuehrer	손건반 3, 발건반, stop 45	연주대 뒤에 Rückpositiv가 있는 오르간
	38 성락교회(서울) 1	1994 체코 Rieger-Kloss	손건반 3, 발건반, stop 51	
	39 안동교회(서울)	1994 오스트리아 Kögler	손건반 2, 발건반, stop 25	

연번	파이프오르간소재지	설치연도 및 제조사	손건반, 발건반, stop (음색)수	비 고
40	안성대천동성당(안성)	1994 독일 Hofbauer	손건반 1, 발건반, stop 5	
41	충정교회(서울)	1994 독일 Karl Schuke	손건반 2, 발건반, stop 8	
42	가톨릭음악원 최양업기념관(서울)	1995 스페인 Gerhard Grenzing	손건반 3, 발건반, stop 40	
43	내리감리교회(인천)	1995 체코 Rieger-Kloss	손건반 3, 발건반, stop 55	연주대 2개
44	성락교회(서울) 2	1995 체코 Rieger-Kloss	손건반 2, 발건반, stop 11	
45	형제들의 교회(서울)	1995 한국 Orgelbau Ku	손건반 1, 발건반, stop 6	
46	경신교회(서울)	1996 체코 Rieger-Kloss	손건반 3, 발건반, stop 43	
47	세린교회(군포)	1996 체코 Rieger-Kloss	손건반 3, 발건반, stop 39	연주대 2개
48	연세대학교(서울)	1996 캐나다 Karl Wilhelm	손건반 2, 발건반, stop 7	
49	임마누엘교회(서울)	1996 독일 Beckerath	손건반 3, 발건반, stop 40(파이프 2,708개)	
50	한국예술종합학교(서울) 1	1996 캐나다 Karl Wilhelm	손건반 2, 발건반, stop 10	
51	서울장로회신학대교(경기 광주)	1997 미국 Wicks	손건반 3, 발건반, stop 44	
52	남서울교회(서울)	1997 스페인 Gerhard Grenzing	손건반 2, 발건반, stop 17	
53	숭실대학교 한경직기념관(서울)	1997 미국 Wicks	손건반 3 , 발건반, stop 45	
54	신흥동성당(성남)	1997 이탈리아 Ruffatti	손건반 2, 발건반, stop 16 (파이프 1,100개)	
55	대방동성당(서울)	1998 이탈리아 Ruffatti	손건반 2, 발건반, stop 17 (파이프 1,104개)	
56	대한성공회 대성당(서울)	1998 한국 Orgelbau Hong	손건반 1, 발건반, stop 5	
57	예일교회(인천)	1998 한국 Orgelbau Ku	손건반 1, 발건반, stop 10	
58	제일교회(전남 여천)	1998 체코 Rieger-Kloss	손건반 3, 발건반, stop 39 (파이프 2,549개)	
59	침례교신학대학(대전)	1998 미국 Paul Fritts	손건반 2, 발건반, stop 11	
60	한별교회(안산)	1998 한국 Orgelbau Ku	손건반 1, 발건반, stop 7	
61	계명대학교 아담스채플(대구) 1	1999 독일 Karl Schuke	손건반 3, 발건반, stop 47	
62	대전과학기술대학교 혜천기념교회(대전)	1999 독일 Oberlinger	손건반 3, 발건반, stop 45	2015 독일 Werner Bosch 증설
63	대구부광교회(대구)	1999 체코 Rieger-Kloss	손건반 2, 발건반, stop 11	
64	분당요한성당(성남)	1999 독일 Karl Schuke	손건반 4, 발건반, stop 65	연주대 3개
65	서문교회(서울)	1999 네덜란드 Pels & Van Leeuween	손건반 2, 발건반, stop 35	
66	한국예술종합학교(서울) 2	2000 독일 Oberlinger	손건반 2, 발건반, stop 5	발건반 없음
67	계산동성당(대구)	2001.6 폴란드 Darius Zych	손건반 2, 발건반, stop 27	
68	대구 호텔인터불고 컨벤션홀(대구)	2001.9 독일 Glatter-Göttz	손건반 4, 발건반, stop 52	구 대구파크호텔
69	대구 호텔인터불고 로비(대구)	2001.9 독일 Glatter-Göttz	손건반 2, 발건반, stop 9	구 대구파크호텔
70	종교교회(서울)	2001.7 체코 Rieger-Kloss	손건반 3, 발건반, stop 33	
71	안면도성당(충남 태안)	2001.10 안자헌	손건반 1, stop 4	발건반 없음
72	과천성당(과천)	2001.10 한국 Orgelbau Ku	손건반 2, 발건반, stop 15	
73	청파동성당(서울)	2001.12 독일 Karl Schuke	손건반 2, 발건반, stop 20	
74	가톨릭성음악아카데미(서울) 1	2001 스페인 Gerhard Grenzing	손건반 2, 발건반, stop 5	
75	큰은혜교회(서울)	2001 한국 Orgelbau Hong	손건반 2, 발건반, stop 22	
76	영산아트홀(서울)	2002 오스트리아 Rieger	손건반 3, 발건반, stop 32	
77	좋은교회(청주)	2002 한국 Orgelbau Ku	손건반 2, 발건반, stop 8	
78	한양대학교 음악대학(서울)	2002 한국 Orgelbau Ku	손건반 2, 발건반, stop 8	
79	동서대학교 대학교회(부산)	2003 이탈리아 Fratelli Ruffatti	손건반 2, 발건반, stop 18	
80	반포4동성당(서울)	2003 독일 Eisenbarth(Passau)	손건반 4, 발건반, stop 37 (파이프 2,836개)	
81	서울교회(서울)	2003 독일 Johannes Klais	손건반 4, 발건반, stop 57	
82	영등포중앙교회(서울)	2003 이탈리아 Francesco Zanin	손건반 2, 발건반, stop 31	
83	예수소망교회(성남)	2003 미국 Reuter	손건반 2, 발건반, stop 25	
84	하나님의 성시교회(성남)	2003 한국 Orgelbau Ku	손건반 3, 발건반, stop 38	
85	가톨릭성음악아카데미(서울) 2	2004 독일 Karl Schuke	손건반 1, stop 4	발건반 없음
86	감리교신학대학교(서울)	2004 독일 Glatter-Göttz	손건반 2, 발건반, stop 33	
87	말씀전원교회(의왕)	2004 일본 Homa Takashi	손건반 1, 발건반, stop 6	
88	연동교회(서울)	2004 미국 Vincent Treanor III	손건반 4, 발건반, stop 6	

2000
~
2004년

연번	파이프오르간 소재지	설치연도 및 제조사	손건반, 발건반, stop (음색)수	비고
	89	가톨릭성음악아카데미(서울) 3	2005 한국 Organ Korea	손건반 2, 발건반, stop 5	
	90	고산성당(제주)	2005 독일 Werner Bosch	손건반 1, 발건반, stop 6	
	91	서울신학대학교(서울)	2005 오스트리아 Rieger	손건반 3, 발건반, stop 50	
	92	아름다운동산교회(용인)	2005 한국 Orgelbau Hong	손건반 2, 발건반, stop 10	
	93	연세대학교 음악대학 연습실(서울) 1	2005 독일 Werner Bosch	손건반 2, 발건반, stop 13	
	94	연세대학교 음악대학 연습실(서울) 2	2005 독일 Werner Bosch	손건반 2, 발건반, stop 10	
	95	연세대학교 음악대학 연습실(서울) 3	2005 독일 Werner Bosch	손건반 3, 발건반, stop 2	
	96	예수로교회(파주)	2005 한국 Orgelbau Hong	손건반 2, 발건반, stop 10	
	97	고촌중앙교회(김포)	2006 미국 Vincent Treanor III	손건반 3, 발건반, stop 39	
	98	논현2동성당(서울)	2006 한국 Orgelbau Hong	손건반 2, 발건반, stop 18	
	99	원주제일교회(원주)	2006 독일 Rudolf von Beckerath	손건반 2, 발건반, stop 21	
	100	임동성당(광주)	2006 한국 Orgelbau Hong	손건반 2, 발건반, stop 30	
	101	한국예술종합학교 음악원(서울) 3	2006 스웨덴 Götebog University, GOArt	손건반 2, 발건반, stop 33	
	102	구성성당(수원)	2007 독일 Werner Bosch	손건반 2, 발건반, stop 23	
	103	빛과소금교회(남양주)	2007 독일 Werner Bosch	손건반 3, 발건반, stop 28	
	104	새인천교회(인천)	2007 Karl Schuke	손건반 2, 발건반, stop 11	
2005년 ~ 2009년	105	성결대학교(안양)	2007 독일 Sandtner	손건반 2, 발건반, stop 22	
	106	양천성당(서울)	2007 독일 Werner Bosch	손건반 2, 발건반, stop 22	
	107	가나안교회(성남)	2008 미국 Wicks	손건반 2, 발건반, stop 26	
	108	계명대학교 아담스채플(대구) 2	2008 한국 Orgelbau Ku	손건반 2, 발건반, stop 8	
	109	계명대학교 음악관 연습실(대구) 1	2008 독일 Jäger & Brommer	손건반 3, 발건반, stop 5	
	110	계명대학교 음악관 연습실(대구) 2	2008 독일 미상	손건반 2, 발건반, stop 6	
	111	계명대학교 음악관 연습실(대구) 3	2008 독일 Karl Schuke	손건반 1, 발건반, stop 3	
	112	남대문교회(서울)	2008 미국 Vissar & 독일 Laukhuff Coproduction	손건반 4, 발건반, stop 50 (파이프 4,000개)	
	113	서울홍성교회(서울)	2008 독일 Jäger & Brommer	손건반 3, 발건반, stop 32	
	114	성글라라봉쇄수도원(인천)	2008 독일 Werner Bosch	손건반 2, 발건반, stop 6	
	115	성글라라봉쇄수도원(익산)	미상 독일 Sandtner	손건반 2, 발건반, stop 10	
	116	엘타워(EL Tower)(서울)	2008 독일 Werner Bosch	손건반 3, 발건반, stop 37	
	117	연희교회(서울)	2008 미국 Wicks	손건반 3, 발건반, stop 54	
	118	하늘꿈교회(인천)	2008 독일 Rudolf von Beckerath	손건반 3, 발건반, stop 48	
	119	모세골 공동체교회(양평)	2009 오스트리아 Rieger	손건반 2, 발건반, stop 5	
	120	새창원교회(창원)	2009 독일 Willi Peter	손건반 2, 발건반, stop 21	
	121	선사교회(성남)	2009 한국 Orgelbau Hong	손건반 2, 발건반, stop 23	
	122	오르겔하우스(서울)	2009 독일 Oberlinger	손건반 2, 발건반, stop 7	
	123	영주제일교회(경북 영주)	2009 독일 Werner Bosch	손건반 2, 발건반, stop 28	
	124	한신대학교 신학대학원(서울)	2009 오스트리아 Rieger	손건반 3, 발건반, stop 37	
	125	경성대학교(부산)	2010 오스트리아 Kögler	손건반 2, 발건반, stop 6	
	126	대흥동성당(대전)	2010 미국 Vincent Treanor III	손건반 3, 발건반, stop 44	
	127	서울신학대학교 교회음악과 연습실(서울) 1	2010 독일 Werner Bosch	손건반 2, 발건반, stop 5	
	128	성베네딕토 왜관수도원(경북 칠곡) 2	2010 독일 Thomas Jann	손건반 3, 발건반, stop 41	
	129	성락교회 크리스천 세계선교센터(서울)	2010 오스트리아 Rieger	손건반 4, 발건반, stop 80	
	130	아현교회(서울)	2010 스페인 Gerhard Grenzing	손건반 2, 발건반, stop 31	
2010년 ~ 2014년	131	인천제일교회(인천)	2010 미국 Charles Brenton Fisk	손건반 2, 발건반, stop 28	
	132	한국독립교단선교단체 새사람교회(서울)	2010 한국 Orgelbau Hong	손건반 2, 발건반, stop 18	
	133	대한성공회 서울주교좌 대성당(서울) 3	2011 한국 Orgelbau Hong	손건반 1, 발건반, stop 4	
	134	답동성당(인천)	2011 미국 Vincent Treanor III	손건반 3, 발건반, stop 44	
	135	배재고등학교(서울)	2011 독일 Reichenstein	손건반 2, 발건반, stop 14	
	136	세실리아 오르간음악원(대구)	2011 독일 제작사 미상	손건반 2, 발건반, stop 15	
	137	소노벨리체 컨벤션(서울)	2011 독일 Werner Bosch	손건반 2, 발건반, stop 13	
	138	오르겔클랑(성남)	2011 한국 Orgelbau Ku	손건반 2, 발건반, stop 7	
	139	종로성당(서울)	2011 독일 Thomas Jann	손건반 2, 발건반, stop 20	

연번	파이프오르간 소재지	설치연도 및 제조사	손건반, 발건반, stop (음색)수	비 고
140	평내성당(남양주)	2011 독일 Hey Orgelbau	손건반 2, 발건반, stop 9	
141	여수세계박람회 스카이타워 복스마리스(여수)	2012 독일 Hey Orgelbau	손건반 1, stop 1	발건반 없음
142	중소기업중앙회 DMC 타워(서울)	2012 한국 Orgelbau Hong	손건반 1, 발건반, stop 5	
143	한국예술종합학교 음악원(서울) 4	2012 한국 Kahn	손건반 1, 발건반, stop 4	
144	가회동성당(서울)	2013 독일 Thomas Jann	손건반 2, 발건반, stop 19	
145	샘솟는교회(남양주 별내)	2013 독일 Werner Bosch	손건반 2, 발건반, stop 17	
146	서울수림교회(서울)	2013 한국 Orgelbau Hong	손건반 2, 발건반, stop 15	
147	신길교회(서울)	2013 오스트리아 Rieger	손건반 3, 발건반, stop 53	
148	국수교회(양평)	2014 한국 Orgelbau Hong	손건반 2, 발건반, stop 23	
149	대구남산교회(대구)	2014 독일 Werner Bosch	손건반 2, 발건반, stop 26	
150	민족화해센터 참회와속죄의 성당(파주)	2014 독일 Oberlinger	손건반 2, 발건반, stop 7	
2015년 ~ 2019년	151 담빛예술창고(담양)	2015 필리핀 Carllion Technology	손건반 2, 발건반, stop 10	대나무 파이프오르간
	152 동신교회(서울)	2015 캐나다 Casavant Frères	손건반 2, 발건반, stop 27	
	153 생명의 빛 예수마을(가평) 1	2015 독일 Arno Voigt	손건반 1, 발건반, stop 4	
	154 생명의 빛 예수마을(가평) 2	2015 독일 Arno Voigt	손건반 1, 발건반, stop 5	
	155 생명의 빛 예수마을(가평) 3	2015 한국 Orgelbau Hong	손건반 1, stop 4	발건반 없음
	156 서울신학대학교 교회음악과 연습실(서울) 2	2015 캐나다 Hellmuth Wolff	손건반 2, 발건반, stop 2	
	157 성공회대학교(서울)	2015 프랑스 Michel Jurine	손건반 2, 발건반, stop 12	
	158 풍신교회(서울)	2015 캐나다 Casavant Frères	손건반 3, 발건반, stop 31 (파이프 1,651개)	
	159 반석전원교회(대전)	2016 캐나다 Casavant Frères	손건반 2, 발건반, stop 40	
	160 롯데콘서트홀(서울)	2016 오스트리아 Rieger	손건반 4, 발건반, stop 68	연주대 2개
	161 엘림아트센터(인천)	2016 독일 Woehl	손건반 2, 발건반, stop 31	
	162 이화여자대학교 음악대학 연습실(서울) 2	2016 네덜란드 Niels Klop	손건반 2, 발건반, stop 11	
	163 청란교회(양평) 1	2016 한국 Orgelbau Hong	손건반 1, 발건반, stop 3	
	164 한신교회(서울)	2016 독일 Rudolf von Beckerath	손건반 3, 발건반, stop 32	
	165 범어대성당(대구) 1	2017 오스트리아 Rieger	손건반 4, 발건반, stop 79	
	166 연세대학교 루스채플(곽상수기념오르간)(서울) 2	2017 프랑스 Garnier	손건반 2, 발건반, stop 18	Baroque 스타일
	167 청란교회(양평) 2	2017 한국 Orgelbau Hong	손건반 2, 발건반, stop 7	
	168 만리현교회(서울)	2018 독일 Oberlinger	손건반 2, 발건반, stop 15	
	169 범어대성당(대구) 2	2019 프랑스 Michel Jurine	손건반 2, 발건반, stop 7	
	170 불당2동성당(천안)	2019 독일 Freiburger	손건반 2, 발건반, stop 24	
	171 새문안교회(서울)	2019 캐나다 Casvant Frères	손건반 4, 발건반, stop 63 (파이프 4,310개)	연주대 2개
	172 서소문성지역사박물관 정하상기념성당(서울)	2019 독일 Werner Bosch	손건반 1, stop 3	발건반 없음
	173 성은교회(서울)	2019 독일 Karl Schuke	손건반 2, 발건반, stop 29	
	174 송천동성당(서울)	2019 독일 Thomas Jann	손건반 2, 발건반, stop 22	
	175 용화동성당(온양)	2019 독일 Jäger & Brommer	손건반 2, 발건반, stop 15	
	176 평택제일교회(평택)	2019 독일 Werner Bosch	손건반 3, 발건반, stop 41	
	177 헤아림교회(대구)	2019 독일 Glatter-Göttz	손건반 2, 발건반, stop 10	
2020년 ~ 2024년	178 배론성지(제천)	2020 한국 Orgelbau Hong	손건반 2, 발건반, stop 7	
	179 화양동성당(서울)	2020 한국 Orgelbau Hong	손건반 2, 발건반, stop 21	
	180 기전대학(전주)	2021 한국 Orgelbau Hong	손건반 2, 발건반, stop 11	
	181 석남중앙교회(인천)	2021 독일 Werner Bosch	손건반 3, 발건반, stop 41	
	182 옥계성당(구미)	2022 독일 제작사 미상	오르간 제원 미상	1842년 제작된 것 개조 이전
	183 남양성모성지(화성)	2023 독일 Hugomayer	손건반 3, 발건반, stop 64	연주대 2개, 기능보강 후 2025년 완성 예정
	184 부천아트센터(부천)	2023 캐나다 Casavant Frères	손건반 4, 발건반, stop 63 (파이프 4,576개)	연주대 2개
	185 평화방송성당(서울)	2023 한국 Orgelbau Hong	손건반 1, 발건반, stop 4 (파이프 214개)	
	186 부산콘서트홀(부산)	2024 예정, 독일 Freiburger	손건반 4, 발건반, stop 62(파이프 4406개)	2024년 12월 설치 완료 예정

* stop(음색): 파이프의 음색을 말한다. 1 음색당 손건반은 61개의 파이프, 발건반은 32개의 파이프가 있어야 한다.
* 개인 소유는 생략

II. 파이프오르간의 구조

파이프오르간은 연주방법 면에서 볼 때는 건반악기이지만, 발성법의 관점에서 볼 때는 관악기라고 할 수 있다. 파이프오르간은 크게 네 부분으로 구성되어 있다. **'연주대와 전면관'**, **'송풍기와 바람상자'**, 건반을 누를때 마다 각 파이프 하단에 있는 바람구멍을 열어 바람을 통과시킴으로써 소리를 내는 많은 종류의 **'파이프들'**, 그리고 건반과 파이프 밑의 바람상자를 연결시켜 주는 **'액션(action)'** 등이다.

1. 연주대와 전면관 (Spieltisch, Console and prospekt)

연주대는 오르간의 기술적인 핵심 부분이다. 즉 손건반과 발건반 및 음색선택장치(Stop), 여러 기억장치(Kombination), 음량자동조절장치(Cresendo-Walze), 음량조절상자(Schwellkasten; swell box), 건반연결장치(Koppeln) 등이 있다.

파이프오르간의 전면관은 오르간의 외관을 형성하는 것으로서 파이프, 파이프집, 여러 장식 등으로 이루어져있다. 전면관을 구성하는 파이프로 금속파이프의 프린시펄 계열을 선택하는 것이 보통이다.

2. 송풍기와 바람상자 (Windlade, windchest)

송풍기는 전기모터를 이용(과거에는 사람이 직접 바람을 만들었으나 지금은 전기모터가 담당)하여 바람을 만들어 보내는 장치이고, 바람상자는 파이프의 하단에 바람을 모아서 건반을 누르는 연주자의 의사에 따라 그 바람이 파이프로 들어갈 수 있도록 파이프 하단의 바람구멍을 개폐하여 주는 장치이다. 바람상자에는 여러 가지 형태가 있으나 미닫이식(Schleiflade; slidechest)이 이상적이다.

3. 파이프 (Pfeifenwerk; pipe)

(1) 파이프의 종류와 발성법

오르간에 사용되는 파이프들은 그 발성법을 기준으로 크게 두 가지로 분류할 수 있다. 즉 플루트 계통의 소리를 내는 입술 모양의 순관(Labialstimmen, flute pipes)과 금관악기 소리를 내는 혀 모양의 설관(Zungenstirnmen, reed pipes)으로 나눌 수 있다. 보통 순관 계열이 75% 사용되고, 설관은 25% 정도 사용된다.

① 순관 계열 파이프들의 발성법

순관 파이프는 피리처럼 소리를 낸다. 즉 파이프 하단의 구멍으로 들어온 바람은 파아프 안에 설치된 판과 파이프 사이의 틈을 지나 윗입술 부분에서 파이프의 안과 밖으로 갈라지며 공명한다.

② 설관 계열 파이프들의 발성법

파이프 하단의 구멍으로 들어온 공기가 파이프 안에 있는 얇은 리드(reed: 금속판)를 진동시켜 소리를 낸다.

(2) 파이프의 형태: 원통형, 원추형, 깔때기형, 굽은 파이프형, 혼합형, 목파이프 등이 있다.

(3) 파이프와 소리의 상관관계

동일한 소재로 만들어진 같은 형태의 파이프라 하더라도 파이프의 길이, 폭, 개폐 여부에 따라 소리가 달라진다. 파이프의 폭과 길이가 가늘고 짧을수록 고음을 내며, 저음의 파이프는 길이가 길고 폭이 넓다. 파이프의 길이는 5mm의 아주 작은(고음) 것부터 10m 이상 되는 것까지 있다.

(4) 파이프의 재료와 제조

파이프는 중세 이후 주석과 납을 일정한 비율로 배합하여 만들어져 왔으며, 그 비율에 따라 음색(stop), 즉 레지스터의 이름이 붙여진다. 주석의 비율이 높을수록 강하고 예리한 소리를 내며, 납의 비율이 높을수록 여리고 부드러운 소리가 난다. 목파이프의 재료로는 전나무, 소나무, 잣나무 등이 사용되는데 목파이프는 금속파이프에 비하여 부드러운 음을 낸다.

4. 기계 액션 (Mechanische Traktur: mechanic tracker action)

기계 액션은 건반에서 이루어지는 연주자의 손동작이 파이프의 바람상자 속 마개(valve)가 열리는 곳까지 그대로 섬세하고 민감하게 전달될 수 있도록 해주는 장치를 말한다. 이 장치를 통해 연주자가 건반을 누름과 동시에 바람상자 속의 마개가 열리며 소리를 내게 된다.

■ 파이프오르간의 음색

organ stop[Eng.]=Register[Ger.] = jeu d' orgue[Fr.] = registro[It.]

- 스톱이란 오르간에 있어서 동일 형태를, 다시 말하면 동일 음색을 가진 파이프의 한 계열을 말한다. 음색은 그 피치와 소리에 따라 몇 가지 그룹으로 분류된다.
- 오르간의 파이프는 근본적으로 다른 두 개의 형태, 즉 순관(Labialstimmen [Ger.] = flue pipes[Eng.])과 설관 (Zungenstimmen[Ger.] = reed pipes[Eng.])으로 나눌 수 있다. (p.11 '파이프의 종류와 발성법' 참조)
- 음색은 파이프의 발음 방식, 스케일(scale[Eng.] = Mensur[Ger.]), 형태, 재질에 따라 달라진다.

스케일(**Mensur**) : 입술 넓이 또는 둘레에 따라 구분할 수 있다.

순관	넓은 군	넓은 치수	넓은 공간에서 특히 필요한 음색으로 모든 플루트 계열의 음색(반 닫힌 것과 닫힌 것)이 이에 속한다.
	중간 군	중간 치수	오르간의 중심적인 스톱으로 울림이 충실하다. 프린시펄 계열이 이에 속한다. 옥타브(Octave), 믹스쳐(Mixture) 등
	좁은 군	좁은 치수	스케일이 좁아서 가늘고 여린 음을 낸다. 현 계열이 이에 속한다: 감바(Gamba), 살리시오날 (Salizional) 등

I. 파이프오르간의 음색

1. 순관 계열 : 프린시펄 (Principal), 플루트(Flute), 현(String)

2. 설관 (Reeds) **계열**

3. 배음·혼합음 스톱 계열

    (1) 배음 스톱 계열 (Mutation stop) : 하나의 파이프로 소리를 내는 스톱
    (2) 혼합음 스톱 계열 (Mixtures) : 둘 이상의 파이프가 모여서 구성되는 스톱

4. 독특한 스톱과 피스톤·기타 연주를 돕는 장치들

1. 순관 계열 (Principal, Flute, String)

Principal 계열   원통형의 파이프. 중간 정도의 스케일로 오르간의 중심적인 음색, 주석(Zinn) 75% + 납(Blei) 25%의 합금으로 만들어진다.

독일어[Ger.]	이태리어[It.]	프랑스어[Fr.]	영어[Eng.]	스페인어[Span.]	참고
Prinzipal	principale	montre('보이다'의 뜻으로 전면관에 주로 사용)	principal, diapason	flautado, flautadito (= principal4′ = halb prinzipal)	
Choralbass, Choralpfeife 대부분 4′ c.f.에 사용					
Doublette			superoctave 프랑스 오르간 건축에 많이 사용		
Fern Prinzipal	principale déco				
Flöten Prinzipal	principale flauto				
Geigen Prinzipal	principale violino				
Großgeigen Prinzipal	principale violono				
Haupt Prinzipal	principale diapason				
Hochdruck Prinzipal	principale stentoreo				
Konisches Prinzipal	principale conico				
Mixtur		fourniture	mixture	claro	Mixtura[Lat.]
Offenbass 32′ 16′ 8′ (pedal stop)					Apertus[Lat.]
Offenes Prinzipal	principale aperto				
Oktavbass	bassus aequalis				
Oktave	ottava	octave	octave	octava, octava[Lat.]	Octaav[Nied.]
Prästant (전면관에 주로 사용)	prestant	praestant			
Prinzipalbass	bassus fundamentalis			contras	
Superoktave		손건에 많고(prin2′ or 1′) 발건엔 octave 4′ 로 사용			
Überblasendes-Prinzipal	principale armonico				
Untersatz 64′ 32′ (목파이프)16′ = Majorbass 폐관					
Zart Prinzipal	principale dolce				

Flute 계열   주석(Zinn) 25%+납(Blei) 75%의 합금으로 주로 만들어진다.

독일어[Ger.]	이태리어[It.]	프랑스어[Fr.]	영어[Eng.]	스페인어[Span.]	참 고
Flöte	flauto	flûte	flute	flauta	Fluta(alt–ital), Fistula[Lat.]
Block flöte *Fl. = flöte의 약자		flûte âbec		flauta di punta	
Bordun	bordone bordoncino(=Klein Gedackt)	bourdon			
Deutsche flöte	flauto tedesco			flauta alemana	
Doppelflöte = Duiflöte					
Dulciana Dulzflöte(깔때기형) = zart FL		flûte doucè	dolician		
Flachflöte, Flageolet(원추형, 금속 FL.→피콜로와 유사)		(음색은 크고 맑다) 4′ 2′			
Flöte 2′	flautino		recorder		
Flötenbass				flauta bass	
Gedackt(폐관)	tappato, tapadillo(Klein Gedackt)	couverte	stopped Diapason	tapada, tapadillo(작은 Gedackt)	
Gedacktflöte (닫힌 FI.)	flauto coperto, flauto tappato	flûte couverte	stopped flute	flauta bordon	
Gemshorn			goat horn		
Hellflöte (밝은 FI.)	flauto chiara				
Hohlflöte(파인), Hohlpfeife 2′ or1′	flauto cavo	flûte creuse			
Jubalflöte = Tubalflöte (힘있고 열린 소리 4′)					
Kleinflöte (작은 FI.)	flauto piccolo			flauta chica, flautilla	
Konzertflöte	überblasend (overblowing [Eng.]) 파이프 대부분 목재료 8′ or 4′→이 파이프들은 2배로 길다. 예를 들면 4′는 8′의 길이를 갖고 있다. (ex. Trompette harmonique) 파이프 중앙에 구멍이 있다.				
Koppelflöte	rohl FI.과 유사, 반폐관				Copula[Lat.]
Lang flöte(긴 FI.)	flauto rerticale				
Liebes flöte	flauto d'amore				
Lieblich Gedackt = Zart Gedackt = Bordun 부드러운	flauto amabile	bourdon doux			
Melodia (부드러운 목 FI. 파이프로 미국 오르간에 많이 사용 8′ 16′ (Double Melodia) 독일에서는 적게 사용)					
Nachthorn (원통형 파이프)		cor de nuit			Pastoria[Lat.]
Offenflöte (열린 FI.)	flauto aperto	flûte ouverte			Aperta[Lat.]
Querflöte 8′ = Traversflöte	flauto traverso (überblasend 파이프)	flûte harmonique	flute allemande		
Querflöte 4′	(überblasend 파이프)	flûte octaviante			
Querflöte 2′	(überblasend 파이프)	octavin			
Quintaton (원통형으로 폐관)	quintadena	quintadon		cuintatén	
Rohrflöte	flauto tobolare	flûte à cheminée	reed flute	flauta	
Rohrgedackt		bourdon á cheminée			
Schwebende flöte	flauto angelico			flauta angélica	
Schwegel, Schwiegel, Schwegelpfeife (작은 Mensur를 갖는 플루트스톱, Dulciana와 비슷한 여린 음색)					
Schweitzerflöte, Schweitzerpfeife (옛 오르간 건축에 사용 Überblasend 파이프)					
Sifflöt (강하지는 않고 예리한 음색)	zuffolo, ciuffolo	siffler			
Spillflöte, Spillpfeife (반원통형과 반원추형, Gemshorn과 유사)					
Spitzflöte (열린 FI. 음색, 중간 Mensur, 원추형)	flauto conico	flûte pyramidale			
Subbass 8′ 4′ 2′ = Gedacktbaβ	subbasso (폐관→페달 음색)				
Uberblasendeflöte	flauto armonico			flauta armonica	
Vogelpfeife = Vogelgesang(새) = Vogelgeschrei = Nachtigallenzug					
Waldflöte (숲FI.)	flauto in selva				Woud fluit [Nied.]
Zartflöte (부드러운 FI.)	flauto dolce			flauta dulce	

독일어[Ger.]	이태리어[It.]	프랑스어[Fr.]	영어[Eng.]	스페인어[Span.]	참 고
	eolina	äoline	aeolian		• 그리스 바람의 신 아리올로스의 이름을 본뜬 악기로, 가는 몸통에 6개 이상의 줄을 맨 악기
Bratsche	viola	alto	viola		
Fugara					• Fujara [pol.]. 약간 강한 현계열 음색
	dolce		dolcian		
Salizional	salicionale	salicional			• 라틴어의 Salix(버드나무)에서 온 말, 원통형, 원추형,
Schwebung			beat		• Flotenschwebung 또는 Geigenschwebung
	unda maris[Lat.]				
Violine, Geige	violino	violon	violin		• 조현: g–d′–a′–e″
Violoncello	violoncello	violoncelle	cello		• 조현: C–G–d–a
Vox celestis	voce celeste	voix célestes			• Vox [Lat. = Stimme]
Welsche Geige(16세기)	gamba 또는 gambe viola da gamba (각국 공통)	viole	viol	vihuela de arco	• 16–18C 서양 음악에서 중요한 역할을 한 궁현악기. 6개의 조현. 베이스비올을 말한다. Gambetta(Gamba 4′or 2′)

Vox celestes, Unda–maris, Schwebung 등은 혼합된 음색, 각 음들에 2개의 파이프가 각기
조금씩 다르게 조율되어 있어서 그 음들의 소리는 조금 진동하는 것처럼 들린다.

2. 설관(Reed) 계열

reed [Eng.]=Zunge, Blatt, Rohrblatt[Ger.]
=anche [Fr.] 앙슈=ancia [It.]
복수 : reeds, Anches [Fr.]=ancie [It.]
=Zungenstimmen[Ger.]

⌐ 완전 길이 울림컵
  • 깔때기형 : Posaune, trompete
  • 컵과 원통형 : 조금 작은 스케일. Dulzian, Oboe, Krumhorn, Schalmei, Musette
⌐ 짧은 길이 울림컵
  • 모든 Regal 종류, Vox humana, Bärpfeifen, Sordun Rankett

독일어[Ger.]	이태리어[It.]	프랑스어[Fr.]	영어[Eng.]	스페인어[Span.]	참 고
Bombart, Pommer Pomhart	bombarda bombardone	bombarde	bombard		• 샬마이족의 저음악기
Bärnpfeife					
Dulzian		doussaine	dulcian = dolkan = dulkan	dulcayna	
Fagott		basson	bassoon		
Hohe trompete = Trp. 4′				trompeta alta	
Horn	corno	cor	horn	cuerno	
Jung frau–Regal = Jung fern–Regal					• Vox Virginea [Lat.] 처녀의 소리라는 뜻 =Vox angelica
Klarine	clarino	clairon	clarion	clarin	• tromp. 4′ 클라리넷의 고음역
Klarinette	clarinetto	clarinette	clarinet	clarinete	
		Cor anglais	English Horn		• Cor = horn의 뜻
Knopf regal(꼭지레갈), Kopf regal(머리레갈)					
Kornett	cornetta cornett	cornet–à– pistons	cornett		• 트럼펫과 비슷, 관이 약간 짧아서 경쾌하게 조작. • Lat.에서 옴, cornu=horn. 프랑스, 이태리 작곡가들이 많이 사용
Krummhorn	cormone	cromone	crumhorn		• 옛날 더블리드의 목관악기 Phociny, Photiny[Lat.]
		musette	bagpipe		
oboe	oboe	hautbois	oboe		• Hautboy = Überblasende oboe 8′
Orlo (짧은 Regal을 의미 vox humana 음색과 유사)				orlos	
Posaune	trombone	trombone	trombone		• Buccina[Lat.], Bazuin[Nied.]
Rankett = Wurstfagott 독일어의 rank 즉 여기저기에 '꾸불꾸불한'에서 유래, 독일어의 Wurst나 프랑스어의 cervelas의 '소시지'를 의미		cervelas = cervelat	ranket = racket		• 16C–18C 에 걸쳐 독일, 프랑스에서 사용된 일종의 더블리드 악기 • 나무 또는 상아로 만든다.

독일어[Ger.]	이태리어[It.]	프랑스어[Fr.]	영어[Eng.]	스페인어[Span.]	참고
Regal	regale	régale	regal {작은 Regal = Bible regal (모양이 성서와 비슷하다는 이유)}		
Schalmei, Schalmey	piva or piffaro	chalumeau chalemie chalmalle	shawm		• calamus[Lat.] • 샬마이, 숍, 칼라무스라고도 불린다. 약 2000년 전부터 존재 해왔던 것으로 생각되는 더블리드 목관악기의 총칭으로 오보 족의 전신이 되었다.
Sordun	sordone	sourdine	sordun		• 16, 17C 유럽에서 사용된 더블리드 목관악기 4′ 8′ 16′
Spanische Trompete		trompette en chamade			• 샤마드(chamade) : 회답을 알리기 위한 북
Trompete	trombone = tromba spezzata	trombone	trombone		• Trombone de France = französische posaune.
	tromba	trompette	trumpet =Octav Clarion	Trompeta	• Trombino = klein trompete.
	voce umana	voix humaine (브와-위멘)			• 사람의 목소리와 유사한 스톱 • vox humana[Lat.]
Zink	cornetto	cornet-á-bouquin (코르네아 부캥)	cornett		• 15, 16C에 사용된 옛악기, 직관 또는 구부러진 관으로 목재, 상아 재료 • 음이 부드럽고 현악기 또는 인성에 잘 어울려서 교회음악에 잘 사용. (예: J.S. Bach의 칸타타…)

3. 배음·혼합음 스톱

(1) 배음(알리크보트) 스톱(Mutation[Eng.]=Aliquote Stimmen[Ger.]=jeux de mutatione[Fr.]=registri di mutazion[It.])은 유니즌(8′)이나 옥타브(Octave 4′ 2′ 1′)를 제외한 스톱들로 $1\frac{3}{5}$(3도) $2\frac{2}{3}$(5도) $1\frac{1}{7}$(7도) $\frac{8}{9}$(9도) 등을 말하며 프린시펄 또는 플루트의 스케일을 갖는다. 이것은 다른 음색과 어울려 솔로 스톱으로 사용된다.

(2) 혼합음 스톱 (Mixtures[Eng.] gemischte Stimmen[Ger.])은 한 스톱이 둘 또는 셋 이상의 복합된 음정을 동시에 내는 스톱이다.

  ① 2개 이상의 알리크보트를 동시에 내는 것. 주로 플루트 계열의 스톱으로 사용. 세스퀴알테라(Sesquialtera, $2\frac{2}{3}$ + $1\frac{3}{5}$), 테르치안(Terzian $1\frac{3}{5}$ + $1\frac{1}{3}$), 코넷(Cornet 또는 Konet 8 + 4 + $2\frac{2}{3}$ + 2 + $1\frac{3}{5}$) 등이 속한다.

  ② 프린시펄 계열의 예로 Mixtur와 Scharf는 옥타브계와 5도계를 반복하고 Zimbel은 옥타브계 5도, 3도계를 반복하는 몇 개의 파이프가 동시에 소리를 낸다.

  Mixtur[Ger.]=Mixture[Eng.]=Fourniture[Fr.]=Claro[Span.]=Compuestas[Span.]=Mixtura[Lat.]=Ripieno[It.]

4. 독특한 스톱과 피스톤·기타 연주를 돕는 장치들

(1) 독특한 스톱과 피스톤

  • Glockenspiel[Ger.]=Bells[Eng.]=Campa[Por.]=Campana[It.] 종, 벨=Carillon[Fr. 카리옹]=jeu de Clochettes
  • Glockenton (종 음색)=$2\frac{2}{3}$(5도) + $1\frac{3}{5}$(3도) + $1\frac{1}{7}$(7도) + 1′(8도) 〈3 or 4 Fach(열)〉
  • Zimbelstem[Ger.]
  • Trommel[Ger.]=drum[Eng.] 북
  • Pauken[Ger.]=timpani[It.] 팀파니
  • Vogelgesang[Ger.]=Bird stop[Eng.]=jeu d'oiseau[Fr.] 새소리

(2) 기타 연주를 도와주는 장치들

  • Manual Koppel[Ger.]=manual coupler[Eng.]=accouplement[Fr.]=Accoppiamento[It.]: 손건반 연결장치
  • Manual[Ger.]=manual[Eng.]=manuel[Fr.]=manuale[It.]: 손건반
  • Absteller[Ger.]=Annullateur[Fr.]=annullatore[It.]: 제거 장치
  • tutti = Appel[Fr.]: 총주 (모두 함께 연주)
  • Tremolo[It.]=tremulant[Eng.]=Tremblant[Fr.]=Tremblor[Span.]: 오르간의 풍압을 증감하여 음을 기계적으로 떨게 하는 것

Ⅱ. 프랑스 오르간 스톱 (jeu d'orgue, 죄도르그)

1. 프랑스 오르간 스톱 용어

ôtez[Fr] 오테: 스톱을 제거하고 연주하라는 뜻. mettez (메테) : 스톱을 당기다.(첨가)

프랑스어[Fr.]	독일어[Ger.]	뜻
grand-orgue = G.O., GO 또는 G.	Hauptwerk= great organ[Eng.]	주손건반
positif = P 또는 Pos.	Positiv=choir organ[Eng.]	포지티브
récit= R	Schwellwerk = swell organ[Eng.]	스웰건반 (음량조절이 되는 건반)
pédalier, pédale = Péd	Pedalwerk	발건반
accouplement	Manual Koppel	손건반 연결장치
tirasse	Pedal Koppel	발건반 연결장치
G.P.	Hauptwerk + Positiv	주건반+포지티브
G.P.R.	Hw. + Pos. + Sw.	주건반+포지티브+스웰건반
ajouter(mettre)	Ziehen hinzufügen	꺼내다, 첨가
anches = Jeu d'anche(죄당슈)	Zungenregister = reed stop[Eng.]	설관음색
appel	Mixturen + Zungenstimmen	혼합음 + 리드음색
boîte fermée	Schweller geschlossen	스웰박스 닫기
boîte ouverte	Schweller often	스웰박스 열기
clairon	Trompete	트럼펫 (보통 4′)
claviers accouples	Manuale gekoppelt	손건반 연결장치 있음
claviers séparés	Manuale nicht gekoppelt	손건반 연결장치 없음
dessus de…	Solo für eine Oberstimme in der rechten Hand	오른손 윗성부의 솔로
doublette	Principal immer 2′	(언제나 프린시펄 2′ 스톱)
…en taille(ex. Cromune en Taille)	Solo in Tenor für linke Hand od. pedal	테너 성부의 왼손 솔로 또는 페달 솔로
fonds, Jeux de fond	Grund register(labial)	순관 기본음색
retrancher(ôter)	abstoβen	닫다

2 옛 프랑스 오르간 음악의 음색에 관한 기본 규칙

(1) 근본적으로 Mixtur와 리드 (reed) 계열 음색은 절대로 함께 사용하지 않는다.
　　예) Franìçois Couperin (1668~1733): Orgelmesse…

(2) 리드 계열(Zungenregister) 음색은 Principal 8′ 또는 2′와 함께 사용하지 않는다.

(3) 리드 계열 음색은 하나의 순관 또는 여러 개의 순관들과 함께 사용한다. (예 Flûte, Bourdon)

　Plein jeu = Mixtur Plenum(풀 오르간) , 전적으로 순관 음색으로 한다. (Labial register)
　　　　・ Grand plein jeu : G.O. (주건반)에서 : Montre *(16′ +) 8′ , alle offenen 8′
　　　　　　　　　　　　alle Bourdons, Prestant, Doublette, Fomiture, Cymbale *(　): 큰 오르간에서
　　　　　・ Petit plein jeu : Positif 건반에서 (Mortre 8′) Bourdon 8′ Prestant.
　　　　　　　　　　Doublette, Foumiture, Cymbale, Manuale angekoppelt (손건반 연결)

　Plein chant = Plein jeu의 변화로서 정선율(c.f.)이 Tenor 또는 Baβ (Pedal)에 온다.
　　　　　　　(Plain chant=Cantus planus [Lat.])

　Grand jeu = Zungenstimmenplenum (= "sur les grands jeux")
　　　　　　G.O.: Bourdon (16′)+8′ (Grand) Comet, Prestant, Trompette clairon (Trp 4′)
　　　　　　Pos.: Bourdon, Cornet, Prestant, Cromone (Trp. Clairon), Manuale angekoppelt (손건반 연결)

　Fond d'orgue = G.O.: Bourdons 16′ und 8′ Montre, Prestant
　(기본음색)　　　Pos.: Bourdon 8′ Prestant Manualkoppel (손건반 연결)

◆ 약어표

[Eng.]영어 [Ger.]독일어 [Lat.]라틴어 [It.]이태리어 [Fr.]프랑스어 [Span.]스페인어 [Nied.]네덜란드어 [Pol.]폴란드어 [Por.]포르투갈어

대림시기

– 대림(대강) 전주 및 묵상, 대림(대강) 후주 –

대림시기(대강절)는 예수 그리스도의 탄생을 기념하는
성탄을 준비하고 재림할 구세주를 기다리는 시기.

교회는 예수 그리스도의 성탄 대축일을 앞두고 대림시기로 한 해의
전례 주기를 시작하는데, 그 기간은 4주간이다.

1. 백성들아 기뻐하라

Comfort, Comfort Now My People

Gt. (Ⅰ) 8' Flutes
Sw.(Ⅱ) 8' Quintaton (Flutes)
Ped.   16', Ⅱ to Ped.

Paul Manz 편곡 ●

● (1919 시카고 ~) 폴 맨쯔는 독일에서 Walcha에게 음악수업을 받았고 1983년 이래 시카고의 칸토르(음악감독)로 재직 중이며, 오르간 즉흥 연주곡과 독주곡을 많이 작곡하고 있다.

2. 임하소서 임마누엘

Veni, Veni Emmanuel

(가톨릭성가 93，찬송가 104)

Ⅱ   8' Flute
Ⅲ   8', 4', 1⅗' Flutes
Ped. 32' Untersatz, 16' Pommer
      Ⅱ to Ped.

Paul Manz 편곡 ●

Andante espressivo (quasi improvisando)*

* 즉흥곡 풍의 느낌으로
● (1919 시카고 ~) 폴 맨쯔는 독일 Walcha의 제자이다. 1983년 이래 시카고의 칸토르(음악감독)로 재직 중이며, 오르간 즉흥 연주곡과 독주곡을 많이 작곡하고 있다.

3. 주님 용서하소서

Parce Domine

Sw.　Solo clarinet
Gt.　Strings 8', 4'
Ped.　Soft 16', 8'

Charles Gounod •
Rick Parks 편곡

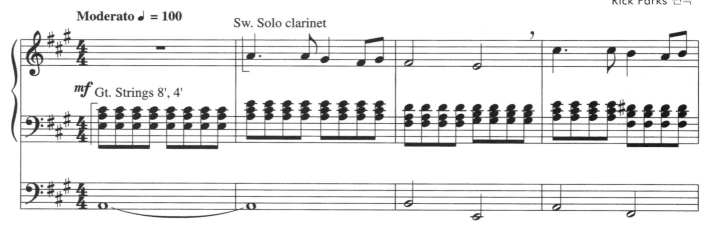

* Rubato [lt.] 루바토 "훔친 시간"이란 뜻. 기계적인 정확함에 대비되는 말로 이 부분에서는 연주자가 기본 리듬은 지키면서 임의의 속도로 비교적 자유롭게 감정을 표현할 수 있다.

● *(1818 프랑스 파리 ~ 1893 파리)* 샤를르 구노. 오페라 『파우스트』로 유명한 프랑스 작곡가 구노는 로마에서 종교음악에 관심올 갖는 한편 팔레스트리나의 음악을 깊이 연구했고, 마사곡, 레퀴엠 등의 종교곡을 남겼다.

4. 깨어 일어나라, 주님의 음성이 우리를 부른다

Wachet auf, ruft uns die Stimme

Gt. (I)   Foundation stops, Mixtures, Ⅲ to I
Sw. (Ⅱ) Solo Trumpet
Ch.(Ⅲ) Foundation stops, Mixtures, 16', 8', 4' Reeds
Ped.   Foundation stops, Mixtures, Ⅲ to Ped., I to Ped.

Paul Manz 편곡 •

• (1919 시카고 ~) 폴 맨쯔는 독일에서 Walcha에게 음악수업을 받았고 1983년 이래 시카고의 칸토르(음악감독)로 재직 중이며, 오르간 즉흥 연주곡과 독주곡을 많이 작곡하고 있다.

27

5. 대림절 성가

The Advent Chorale*

Sw.   Trumpet 8'
Gt.   Op. Diap. 8', 4'
Ped.   Diap. 16', Gt. to Ped.

F. Mendelssohn •
L. N. Porter 편곡

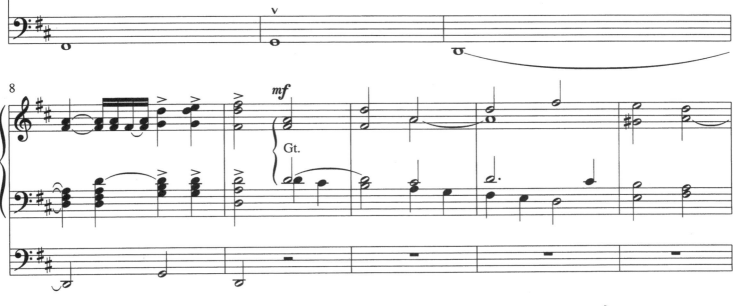

* Chorale[Eng.] Choral [Ger., Fr.] Corale [It.] 코랄. 일반적으로 독일의 프로테스탄트 교회의 찬송가를 가리키는 용어로 사용되고 있는데, 본래는 그레고리오 성가도 포함하여 넓은 의미에서 교회의 노래를 말하는 용어였다.

• (1809 독일 Hamburg ~ 1847 Leipzig) 멘델스존은 교회음악에 열정을 다한 독일의 작곡가, 지휘자이자 오르가니스트이다.

29

대림절 성가

멜로디 : Trumpet 음색으로 분명하게 연주
반주부 : Flute 음색으로 부드럽게 연주

P. Nicolai

성탄시기

Christmas

— 성탄전주, 성탄묵상, 구유경배, 성탄후주 —

성탄시기는 예수 성탄부터 주님 세례 축일 까지의 기간.

성탄시기는 예수 성탄으로부터 주님 공현 대축일 이전까지의 '성탄시기'와

그 이후의 '공현시기'로 나눌 수 있다. 성자이신 구세주가 사람들에게

오심을 성대하게 기념하는 그리스도의 탄생과 공현축일을

지내기 시작한 것은 4세기부터였다.

6. 거룩하시도다

Sanctus

Sw. 8', 4' Reed
Gt. Soft 8'
Ped. 16' to Gt.

Charles Gounod ●

● *(1818 프랑스 Paris ~1893 Paris)* 오페라 『파우스트』로 유명한 프랑스 작곡가 샤를르 구노는 종교음악에 지대한 관심을 갖고 팔레스트리나의 음악을 깊이 연구하였다.
　이 곡은 성녀 세실리아를 위한 장엄미사곡 중 '거룩하시도다' 부분이다.

34

7. 기쁨 가득한 이 날이여

Der Tag, der ist so Freudenreich

Bwv 605

Terry 65: 1785, no. 158

14C 선율

Der Tag, der ist so freu-den-reich al-ler Kre-a-tu-re;
denn Got-tes Sohn vom Him-mel-reich lieber die Na-tu-re

von ei-ner Jung-fran ist ge-born. Ma-ri-a, du bist aus-er-korn,

dass du Mut-ter wä-rest, was ge-schah so wun-der-gleich

Got-tes Sohn vom Him-mel-reich, der beut ist Mensch ge-bor-en.

가사: 15C

0 hall tbes brightest day of days,
All good Chritian people!
Christ hath come upon our ways,
Ring it from the steeple!
Of maiden pure is He the Son
For ever shall thy praise be sung
Christ's fair mother Mary !
Ever was there news so great?
God's own Son, from hearen's state
To-day's the Son of Mary !

기쁨 가득한 이 날이여 !
만백성아 찬양하라
하느님의 아드님께서 탄생하셨도다
동정녀 마리아, 하느님의 선택을 받아
주님의 어머니가 되었다네
예수님의 어머니 마리아의 찬미의 노래
참으로 놀라운 기적이 일어났도다.
이 기쁜 소식이 있으랴
하느님의 아드님께서
오늘 사랑으로 탄생하셨도다

전옥찬 번역

39

기쁨 가득한 이 날이여

Der Tag, der ist so Freudenreich*

Bwv 605

Sw. Cornet (8', 4', 2⅔', 2', 1⅗')
Gt. F1 8', 4'
Ped. Soft 16', 8'

J. S. Bach •

• (1685 독일 Eisenach ~ 1750 Leipzig) 이 곡은 교회 전례력에 따라 작곡된 바흐의 코랄 46개 중 일곱 번째에 나온다.

8. 무도의 서곡 (햇불을 밝혀라)

Dance Prelude
(Bring a Torch, Jeannette, Isabella)

Ⅰ   Flutes 8', 2'
Ⅱ   Flutes 8' Larigot
Ⅲ   Bourdon 8', Fifteenth 2'
Ped. Bourdon 16', 8', 4'

Christopher Uehlein

9. 변주가 있는 전원곡

Pastoral Air with Variations

Gt.   Flute 8', Principal 2'
Sw.   Bourdon 8', Flute 4'
Ped. Bourdon 16', Coupler Swell - Pedal

F. X. A. Murschhauser ●

* simile [It.] : 앞과 똑같이

● (1663 독일 Zabern ~ 1738 München) 뮌헨 프라우엔 교회의 악장으로 있었으며, 오르간 음악에 장식적인 요소를 삽입하였다. 한 예로 변주곡〈아기를 흔들어 깨우자 꾸나〉가 있다.

44

2nd Variation
Swell: Bourdon 8', Flute 2'

3rd Variation
Great: Flute 8', Principal 2'

Gt.

4th Variation
Great: Flute 8', 4', Principal 2', Mixture

10. 성스러운 아기예수, 가난하게 나셨네

Infant Holy, Infant Lowly

Sw. Solo Flutes 8', 2'
Gt. Soft Strings
Ped. 16', 8'

폴란드 캐롤
Albin C. Whitworth 편곡

* 별도의 solo 악기와 함께 연주해도 좋다.

11. 성탄 캐롤 메들리

A Christmas Carol Sequence

Away in a Manger (찬 바람 스치는 마구간)

Jerry van der Pol

God Rest You Merry (주님께서 너희를 기쁘게 하리라)

Moderately (보통 속도로)

Angels From the Realms (하늘나라 천사들아, 찬송가 118)

Sw. Reed 제거 , Fl. 8', 2' 첨가

O How Joyfully (오, 기쁘도다!)
Still slower (계속해서 천천히)

Ding Dong Merrily on High (높은 곳에서 즐거운 종소리)
Somewhat faster (약간 빠르게)

Sw. Fl. 8' only
(Fl. 8'로만 연주)

Sw. Fl. 2' 첨가

Jesus, Jesus, Rest Your Head (고이 잠든 아기예수)
Slower (약간 천천히)

Chimes 제거, Fl. 8' (4') 첨가, Ped 에서 Sw. 제거, Gt. 첨가

As With Gladness (즐거움에 가득 차서)
Moderately (보통 속도로)
Sw. 2⅔' 첨가

Triumphantly (승리한 듯)

Gt. Prin. 8', 4', 2', Mix. 첨가

increase pedal (페달 음량 증가)

gradually add stops to full organ (점차적으로 스톱을 첨가해서 연주)

*poco a poco rit.

* poco a poco rit. : 조금씩 느려지게

12. 스위스의 성탄곡

Swiss *Noël

Sw.   8', 4', 2⅔', 1⅗' Reeds
Gt.   8', 4', 2⅔', Reeds
Ped. 16', 8'
     Sw. to Gt. 8'
     Sw. to Ped.

Louis-Claude Daquin •
Don Hustad 편곡

* Noël [Fr.] 노엘 크리스마스 또는 프랑스의 크리스마스 노래를 말함. 영국의 크리스마스 캐롤과 비슷함

** 부점 리듬은 셋잇단음표 리듬으로 연주한다.

*** + 표시는 모르덴트(mordent [Eng.], Mordent[Ger.], pincé [Fr.], mordente [It.] : 꾸밈음 혹은 잔결꾸임음)를 나타내며, 연주는 주음에서 시작한다. 예

**** 트릴(᷉)은 주음 바로 윗음에서 연주을 시작한다. 예)

• *(1694 프랑스 paris ~ 1772 paris)* 오르간 측흥 연주자이자 연주의 대가로서 유명했던 루이 클로드 다캥은 오르간 작품 외에도 쳄발로 모음곡집을 남겼다.

sempre marcato (여전히 음 하나하나를 확실하게)

13. 어머니 마리아 아기예수 눕혔네

Gentle Mary Laid Her Child

Sw.　RH: Light Reed 8' *mf*
Gt.　LH: 8', 4' *mp*

1.

Swedish, Piae Cantiones, 1582
Wilbur Held 편곡

2.

Sw.   RH: 8', 2⅔'
Gt.   LH: 8', 4'
       Ped: Gedackt 8'

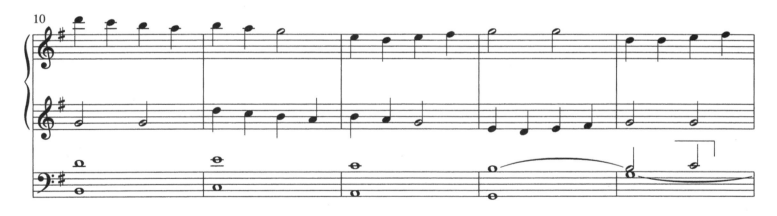

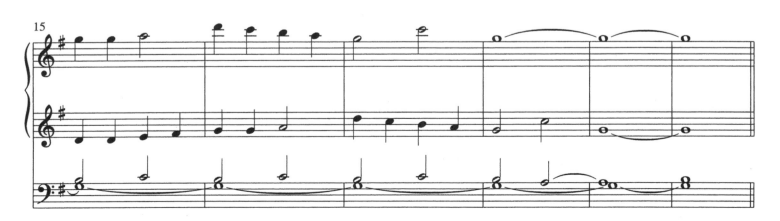

* 마디 6~14 ⌐ ⌐ 부분의 페달 연주는 마디 1~5와 같은 패턴으로 연주해도 된다.

3.

Sw.   or Ch. Flutes 8', 4'
Ped.   Fl. 16', 8'

4.

Gt.,   Sw., Ch.(coupled) Warm 8', 4' *mf*
Ped.   F1. 16', 8' (coupled) *mf*

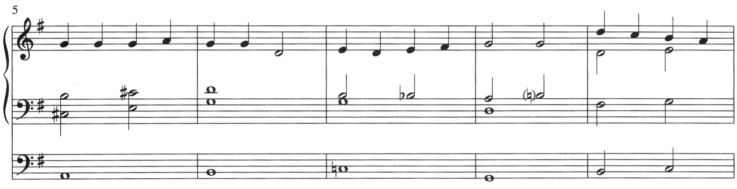

Broader and louder to the end (끝까지 크고 대담하게 연주)

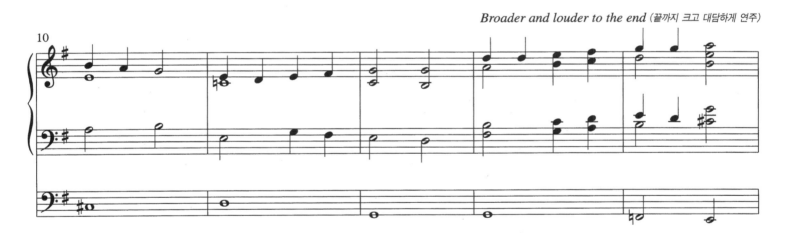

rit.

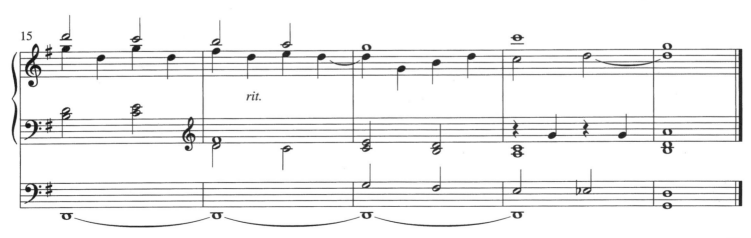

14. 오 작은 고을 베들레헴 (전원곡)

O Little Town of Bethlehem (A Pastorale)

(가톨릭성가 108, 찬송가 120)

Sw.　Flutes, string celeste
Gt.　Flutes 8'
Ped.　Bourdon 16', 8'

Don Hustad 편곡
선율: Lewis H. Redner

* rit. to end : 끝까지 리타르단도로

15. 이사야 말씀하신 (변주곡)

Variations on "Lo, How a Rose"

(가톨릭성가 98, 찬송가 106)

Murray C. Bradshaw

Sw.(Ⅱ)   Strings 8' and String Celeste 8'
Gt. (Ⅰ)   Flute 8'
Ped.   Flute 16'

[Sw.: change to Oboe 8'] (Sw.에서 oboe 음색으로 바꾸기)
(Sw.) reed
Ⅱ. *slightly faster* (조금 빠르게)

* rubato[It.] 루바토. 자유롭게 속도를 가감하여 연주(왼손은 일정하게, 오른손은 자유롭게)

70

[Sw.: change to String 8' and String Celeste 8']
(Sw.)(str. 8 8)   (sw.에서 음색 바꾸기)
III. *a bit slower* (약간 더 느리게)

Gt. (flute)

16. 이사야 말씀하신

Lo, How a Rose E'er Blooming

(가톨릭성가 98, 찬송가 106)

Sw.   Oboe
Ch.   Strings
Gt.   Pr. 8', Flutes Harmonique, Trem.
Ped. 16', 8', Ch. to Ped.

from *"Geistliche Kirchengesang"

Diane Bish 편곡

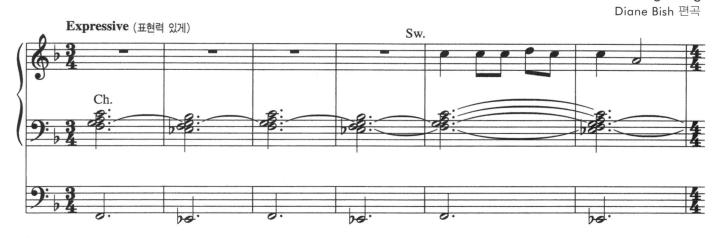

* 이사야 11 장 1 절의 말씀을 기초로 작곡한 곡. 원래 독일 민요였으나 미카엘 프레토리우스에 의해 편곡되었고, 다시 D. Bish가 편곡하였다.

* cresc. poco a poco 조금씩 더 커지게

17. 저 들 밖에 한 밤중에

The First Noël / Pachelbel's Canon

(찬송가 123 , 파헬벨의 캐논)

Ch.　F1. 8'
Sw.　F1. 8', Vox celestis 8'
Gt.　F1. 8', Nasard 2⅔'
Ped.　F1. 16', 8'

Johann Pachelbel•
전옥찬 편곡

• *(1653 ~ 1706 독일 Nürnberg)* 파헬벨은 중부·남부 독일의 오르간 음악을 대표하는 당시 최고의 오르가니스트 겸 작곡가. 이 곡은 그의 관현악곡과 The First Noël의 캐롤을 함께 합하여 편곡한 것이다.

엘 - 노 - 엘 노 - 엘 - 노 엘 -

이 스라 엘 왕 - 이 나 - 셨 네

Ch.

저 - 들 - 박 - 에 한 - 밤 - 중

18. 전주곡 (오 작은 고을 베들레헴)

Prelude on "O little town of Bethlehem"

Ch.   Fl. 8'
Sw.   Voix céleste 8', Fl. 8'
Ped. Fl. 16', 8'

Gordon Phillips

19. 주님은 목자시니

He Shall Feed His Flock

Sw. Soft strings
Gt. Solo Flutes 8', 2'
Ped. Fl. 16', 8'

G. F. Händel

* Gt.의 선율은 solo 악기로 연주할 수 있다.

● (1685 독일 Halle ~ 1759 영국 London) 헨델은 학창시절에는 법을 공부하였으나 할레에 있는 대성당의 오르가니스트가 되었으며, 바이올리니스트이자 쳄발리스트로 활동하기도 했다. 이태리에서도 계속 공부한 그는 실내악, 오라토리오 등을 많이 작곡하였다. 위 곡은 유명한 오라토리오 『메시아』에 나오는 아리아를 오르간곡으로 편곡한 것이다.

20. 중세의 자장가 (성모님의 노래)

A Mediaeval Lullaby (The Holy Mother Sings)

Sw.(I)   Very soft Accompaniment Stop 8' & Celeste
Gt.(II)   Solo Reed or Flutes 8'
Ped.   Very soft 16' (Sw. to Ped.)

14C 선율

* molto decrescendo : 아주 급격한 decrescendo로

21. 찬란히 빛나는 새벽별

Wie schon leuchtet der Morgenstern

R.H.   Sw. Oboe (or Diapason) 8', Fifteenth 2'
L.H.   Gt. Dulciana (or Flutes) 8', Flutes 4'

Georg Philipp Telemann ●

가능한 음전법:
R.H. Ch . Comet (8', 4', 2⅔', 2', 1⅗')   R. H. Sw. Trumpet (or Oboe) 8'   R. H. Gt. Flute (or Dulcina) 8', Flute 4'
L.H. Sw. 8', 4', 2' (Mixture)   L.H. Gt. (or Ch.) light 8', 4', 2'   L.H. Sw. 8' (4'), 2'

Gt. (Sw. or Ch.) light 8', 2' both hands

● *(1681 독일 마그데부르크 ~ 1767 함부르크)* 당시 바흐와 헨델을 능가할 정도로 유명했던 음악가로서 텔레만은 교회력 축일을 위한 칸타타, 수난곡, 오라토리오 등의 종교곡을 남겼다.

22. 찬 바람 스치는 마구간

Away in a Manger

(가톨릭성가 106)

Ch.　Flutes 8', 4'
Sw.　String 8', Flutes 4'
Ped.　Flutes 8'

William J. Kirkpatrick
Austin C. Lovelace 편곡

23. 찬 바람 스치는 마구간

Away in a Manger

(가톨릭성가 106)

Sw. Solo Flutes
Gt. Soft Strings
Ped. Dulciana 16', 8'

Dorothy Wells

24. 참 반가운 신도여 (오르간을 위한 즉흥연주)

Variations on "Adeste Fideles" (An Improvisation for Organ)

Gt.　Foundations 8', 4'
Ped.　16', 8'

(가톨릭성가 102, 찬송가 122)

Marcel Dupré •

• 마르셀 뒤프레(1886 ~ 1971 프랑스 파리 근교)는 길망, 비에른, 비도르를 사사했고, 1926 년 파리 음악원 교수가 되었으며 1934 년에는 비도르의 뒤를 이어 성 술피스 성당의 오르가니스트가 되었다. 즉흥 연주의 대가이며, 특히 대위법 형식들 (캐논, 푸가, 리체르카레)을 즐겨 썼다.

* Voix Céleste [Fr.] : 부드러운 소리(첼레스타와 비슷한 소리)의 오르간 스톱

* Full to mixture : mixture를 첨가하여 웅장하게 연주

25. 크리스마스 (천사들의 무리는 어디서 오는가)

Noël (From whence comes this host of angels)

Sw.   Flutes 8' and 4'
Gt.   Soft 8' Reed

Léon Roques

THÈME (주제)
Allegretto

marcato (음 하나하나를 확실하게)

* allarg. = allargando : 점점 느려지면서 크레센도로 ; 주로 악곡의 마무리에 사용된다.

INTERLUDE (간주곡)

* 옥타브 캐논

VARIATION
*Iº tempo

(echo)
(메아리처럼 작게 연주)

*처음과 같은 빠르기로

26. 크리스마스 메들리

Christmas Medley

Sw.　Diap. 8', 4'
Gt.　Oboe 8', 4', 2'
Ped.　Bourdon 16'

W. Stickles

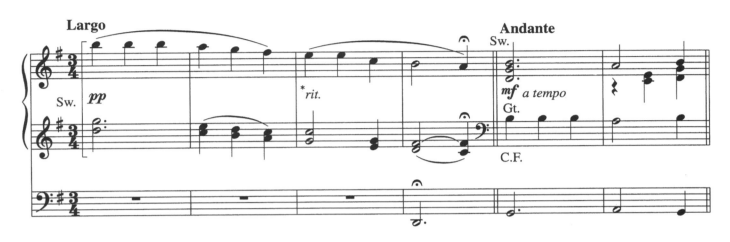

* rit. = ritardand [It.] : 점점 느리게

27. 크리스마스 메들리

Christmas Medley

Sw.   Soft F1. String 8'
Gt.   Clarabella Coup. to Sw.
Ped. Soft 16' to Sw.

F. Mendelssohn

Allegro moderato (천사의 찬송, 가톨릭성가 107, 찬송가 126, F. Mendelssohn)

* (1813~1879 영국 London) 헨리 스마트. 영국의 오르가니스트. 이 곡을 작곡할 당시 그는 완전히 맹인 상태였다. 그럼에도 불구하고 아름다운 성탄곡들을 많이 남겼다.

106

28. 크리스마스 자장가 (메들리)

Christmas Lullaby (Medley)

Sw.   Soft strings
Gt.   Flutes 8', 2'
Ped. Fl. 16', 8'

Albin C. Whitworth 편곡

"What Child is This?" (English carol) 이 아이는 누구인가? (영국 캐롤)
Quietly (고요하게)

(찬 바람 스치는 마구간, 가톨릭성가 106)
서두르지 말고, 여유있게

Gt.

Sw. Fl. 4' 제거

29. 크리스마스 조곡 (제 1번)

Premiere *Suitte de **Noëls

Gt. (Principaux 16-8-4-2, Plein-jeu, Cymbale)

Claude-Bénique Balbastre •

Gracieusement (경건하게)

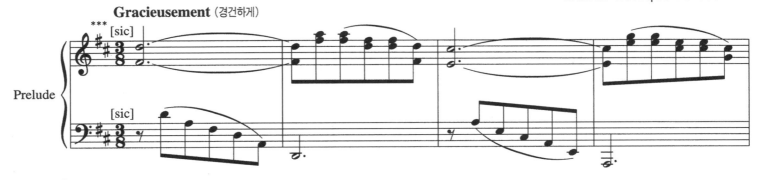

* suite [Eng.] 모음곡

** Noël [Fr.] 노엘. 크리스마스 또는 프랑스의 크리스마스 노래를 말함. 영국의 크리스마스 캐롤과 비슷함.

*** sic [Lat.] '원문대로'라는 뜻. 틀린 단어나 문장 등을 인용할 경우, 그 뒤에 [sic] 처럼 괄호에 넣어 덧붙인다.

****+는 모르덴트로 연주

• (1727 프랑스 Dijon ~ 1799 paris) 1760년부터 파리 노틀담 성당의 오르가니스트였고, 유명한 네 개의 크리스마스 조곡을 남겼다.

성탄이 다가올 때

114

30. 하늘의 사신 내려와

From Heaven Above to Earth I Come

(가톨릭성가 488)

Gt. (I)   Foundations 8' + 4 '

Wolfgang C. Briegel ●

● (1626 독일 Königsberg ~ 1712 독일 Darmstadt) 지휘자, 작곡가, 오르가니스트.

31. 하늘의 사신 내려와

Vom Himmel hoch, da komm ich her.

(가톨릭성가 488)

Sw.　F1. 8', Celeste 8'

Friedrich W. Zachau •

• *(1663 독일 Leipzig ~ 1712 독일 Halle)* 1684년 Halle의 마리아 교회 오르가니스트.

32. 햇불을 밝혀라

Bring a Torch, Jeannette Isabella

Sw.　Flutes 8', 4', 1⅓'
Gt.　Flutes 8', 2'
Ped.　Flute 8'

David H. Hegarty
전통적인 프랑스 캐롤에 기초

* poco rit. : 조금씩 느려지면서 연주

33. 기쁜 성탄절

Noël, cette journée

N. A. Le Bègue

* ou [Fr.] 우 : 또는   ** Fonds [Fr.], Foundation [Eng.] : 플루트 스톱의 모든 것. 여기서는 8만 사용
*** seulement [Fr.] 단지 ~만으로   **** sans [Fr.] = senza [It.] : ~없이

122

34. 목동들아 모여라

Come, All Ye Shepherds (Bohemian Carol)

Richard Warner 편곡

35. 성스러운 아기예수 (변주곡)

Infant Holy

Sw.   Soft Reed, Trem.
Gt.   Soft String
Ped. Soft 16', 8'

R. W. Thygerson
폴란드 캐롤에 기초

125

126

36. 오 작은 고을 베들레헴

O Little Town of Bethlehem

(가톨릭성가 108, 찬송가 120)

Sw.　Clarinet
Gt.　F1ute Céleste
Ch.　Chimes
Ped.　Soft 16'
　　　Gt. to Ped. 8'

L. H. Redner

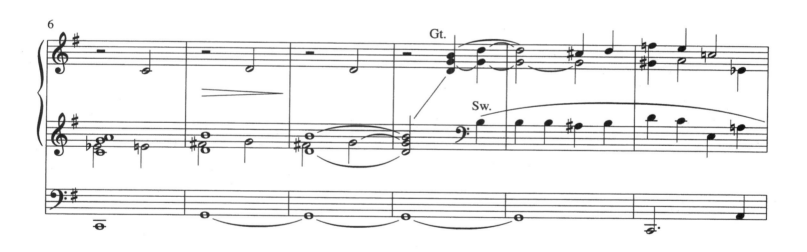

37. 이사야 말씀하신

Lo, How a Rose

(가톨릭성가 98, 찬송가 106)

Ⅱ   Solo Flute
Ⅰ   Strings + Flutes
Ped. Bourdon 16'

16세기 선율
N. L. S 편곡

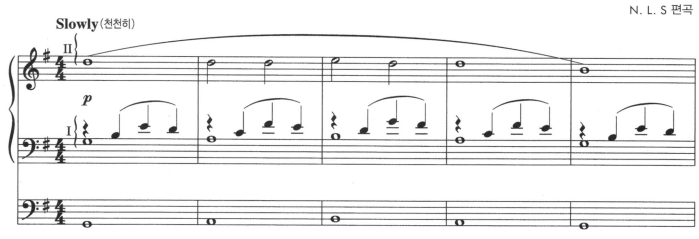

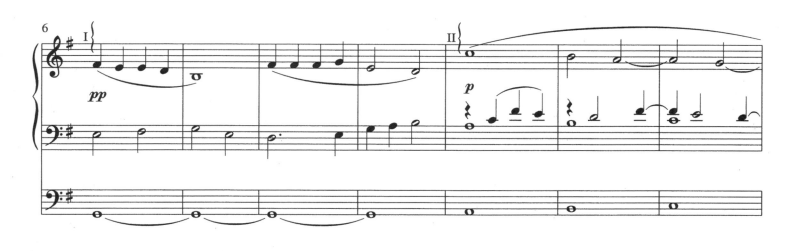

38. 이사야 말씀하신

Lo, How a Rose E'er Blooming

(가톨릭성가 98, 찬송가 106)

Sw.　Soft strings 8'
Gt.　Clarinet
Ped.　16', 8'

Albin C. Whitworth 편곡

39. 전원곡

Pastorale

Sw. F1. 8' Celeste 8'
Ch. F1. 8'

William H. Clarke

40. 추억의 크리스마스

Ch. Fl. 8', or Fl. 4'
Sw. *Voix céleste 8', Fl. 8'

Vieux Noël

César Franck ●

* voix céleste [Fr.] : 떠는 음을 내는 오르간.

● (1822 벨기에 Liege ~1890 프랑스 paris) 프랑스에서 활동한 유명한 작곡가이자 오르가니스트. 19C 후반 프랑스 음악계에 큰 영향을 미쳤다.

41. 크리스마스의 성전

Temps del Noël (Verset)[*]

Sw. (Récit) Trumpet 8' or Oboe 8'
Gt. (G^d) Flute 8'

Lucien Guittard

[Gt.: add String 8']
à l'orgue jouer à 1'8va sup.
ajouter gambe (string 8' Gamba 첨가, 왼손 1옥타브 위에서 연주)

* verset [Eng., Fr.] versett [Ger.] verso, verwetto [lt.] versillo [Sp.] : 그레고리오 성가 대신에 연주되는 보통 푸가 풍의 오르간 곡 .

** G^d Orgue : grand organ

42. 크리스마스 성가

Gt.   F1. 8' F1. harmonique 8'
Sw.   Voix céleste 8', F1. 8'

* Noël angevin G-Dur

César Franck ●

* Noël [Fr.] 노엘 크리스마스 또는 프랑스의 크리스마스 노래를 말함. 영국의 크리스마스 캐롤과 비슷함.

● (1822 벨기에 Liege ~ 1890 프랑스 paris) 프랑스에서 활동한 유명한 작곡가이자 오르가니스트. 19C 후반 프랑스 음악계에 큰 영향을 미쳤다.

43. 하늘나라 천사들아

Angels from the Realms of Glory

(찬송가 118)

Man. Gedackt 8', Gemshom 4', Principal 2', Scharf

C. S. Lang 편곡

Allegro energico

Intonation (전주)

44. 하늘의 사신 내려와 (성탄 전원곡)

On the Choral, "From High Heaven" (Christmas Pastorale)

(가톨릭성가 488)

Sw. Vox Humana and Flute
Gt. Soft Flute 8'
Ch. Dulciana 8'
Ped. Soft 16'(Lieblich Gedeckt) Ch. to Ped.

J. S. Bach •

A. Hänlein 편곡

• (1685 독일 Eisenach ~ 1750 Leipzig) 작곡가이자 오르가니스트이며, 바로크 음악의 대표적 대가. 대위법 형식을 사용하여 합창곡, 기악곡, 실내악곡, 다수의 오르간곡
을 작곡했다. 1723년부터 라이프찌히의 토마스 교회에서 칸토르와 음악 감독으로도 활동하였다.

45. 고요한 밤 거룩한 밤

Silent Night

(가톨릭성가 99, 찬송가 109)

Gt. (I)   Flutes [8' (and 4')']
Sw.(II)   [8'] Strings
Ped.   16' Soft [Flute] Sw. to Gt. Sw. to Ped.

J. Lowe 편곡

작곡가의 주석 :

46. 고요한 밤 거룩한 밤

Silent Night

(가톨릭성가 99, 찬송가 109)

Sw.　F1. 8', 4', Trem.
Gt.　Soft 8'
Ped.　F1. 16', 8'

Franz Gruber •
Roy Brunner 편곡

• (1787 독일 *Unterweizburg ~ 1863 Hallein*) 오스트리아 작곡가, 오르가니스트

47. 구유에 누워 계시니
Carols for Quiet Stops
(가톨릭성가 112)

Sw.(Ⅱ)　Solo Reed
Gt. (Ⅰ)　Soft Flute & Celeste 8'
Ped.　　Bourdon 16', 8'

French Carol

48. 구유에 누워 계시니

*Voluntary on an Old French **Carol

(가톨릭성가 112)

Sw.　Flute 8', 2'
Gt.　Cromome 8' or Clarinet 8'
Ped.　Soft 16', Sw. to Ped.

Léon Roques
Jon Spong 편곡

* Voluntary [Eng.] 볼런터리. '마음대로'라는 뜻. 영국 교회에서 예배 때 연주되던 오르간 음악의 일종. 예배 전후의 즉흥연주를 의미했다.

** Carol [Eng.] 즐거운 성격을 가진 대중의 종교적 노래. 카롤(carole 옛 프랑스어)이라 불리던 왈츠 풍의 옛 노래에서 유래.

49. 구유에 누워 계시니 (변주곡)

He is Born

(가톨릭성가 112)

Sw.   Flute 8', 2'
Gt.   Soft reed
Ped. Fl. 16', 8'

French Carol
Albin C. Whitworth 편곡

50. 구유에 누워 계시니

He is Born

(가톨릭성가 112)

Sw. Flute 8', 2'
Ch. Cromhome
Gt. Flut es 8' , 2'
Ped. 16' , 8', Sw. to Ped.

French carol
D. Bish 편곡

Sw.(II)   Solo Stops 8' & 4'
Gt. (I)   Soft Accompaniment 8'
Ped.   Bourdon 16' to I

51. 아기예수 (전원곡)

Gesù Bambino (Pastorale)

Pietro A. Yon ●

Andante

* chimes 음색 또는 연주자의 재량에 따라 다른 악기 음색을 선택하여 연주한다.

● *(1886 미국 settimo ~1943 뉴욕)* 이태리 밀라노 음대 졸업 후 1905년에는 로마의 성 베드로 성당 오르가니스트로, 1907년부터는 뉴욕의 오르가니스트로 활동했으며, 교회 오르간곡을 많이 남겼다.

52. 기뻐 용약하라

In dulci jubilo

BWV. 608

J. S. Bach •

Gt.(Ⅰ) Prinzipal 8', 4', 2' F1 8', 2'
Ped. Diapason 16', 8'

*con Ped.

* con [lt.]: ~로, 와 함께
• (1685 독일 Eisenach ~ 1750 Leipzig) 교회 전례력에 따라 작곡된 바흐의 Orgelbüchlein 중 열 번째 곡.

163

53. 기쁘다 구주 오셨네

Joy to the World

(가톨릭성가 484, 찬송가 115)

Gt.　Principals 8', 4'
Sw.　Flutes 8', 4'
Ped.　Principals 16', 8'

G. F. Händel ●

Keith Christopher 편곡

* simile [lt.] : '똑같은' 이라는 뜻으로 앞과 같이 계속하라는 표시.

● (1685 독일 Halle ~1759 영국 London) 헨델은 J.S.Bach와 동시대 사람이었으며 오라토리오, 실내악, 칸타타, 오르간 곡 등을 많이 작곡한 작곡가이자 오르가니스트 겸 쳄발리스트였다.

(기쁘다 구주 오셨네)

* rit. = ritardando[lt.] : 점점 느려지게
** ten. = tenuto[lt.] : 그 음을 충분히 길게

167

* open cresc. ped. gradually

rit.
(open)

Grandly(웅장하게) ♩ = 88

tutti

+All couplers (모든 coupler 첨가)

* 점차 페달 열어 증가시키며 크레센도

54. 기쁘다 구주 오셨네

Joy to the World

(가톨릭성가 484, 찬송가 115)

Sw.   F1utes, Strings 8', 4'
Gt.   Diapasons 8', 4', Sw. to Gt.
Ped. 16', 8'

G. F. Händel ●

Albin C. Whitworth 편곡

* rall. = rallantando [lt.] : 점점 느리게

** a tempo [lt.] : 본래의 빠르기로

● (1685 독일 Halle ~ 1759 영국 London) 헨델은 J.S. Bach 와 동시대 사람으로서 오라토리오, 실내악, 칸타타, 오르간 곡 등을 많이 작곡한 작곡가이자, 오르가니스트 겸 쳄발리스트였다.

16
20
25
Broadening (폭넓게)
Gt.
* Grandioso (장엄하게)
30

* grandioso [lt.] : 장대하게, 웅장하게

55. 어서 가 경배하세

Fanfare on "O Come, All Ye Faithful"

(가톨릭성가 102, 찬송가 122)

John Francis Wade
Don Michael Dicie 편곡

Sw.   Reed 16' and 8'
Gt.   Principals 8', 4' and 2' Mixture
Ped. Full, Sw. to Ped. 8'

모든 형제 들아 즐겨노래 하 며베들레헴성밖에달아 가세 구세주그리스도

강생하셨 도 - 다어 서가경배하세어 서가경배 하세어 서 가경배하 세 - 경 배하세

175

56. 오늘 구세주께서 탄생하셨네

Hodie Christus natus est

Gt. (I) Gedeckt 16', Zunge 8'
　　　Flöten 8', 4', 1' Prinzipal 2' Kornett
Sw.(II) Zungen 16', 4' Flöten 8', 1'

Giovanni Pierluigi da Palestrina ●

● (1525 이태리 팔레스트리나 ~ 1594 로마) 팔레스트리나는 105곡의 미사곡, 200여 곡에 가까운 모테트, 찬가, 마니피캇(성모의 노래) 등의 무반주 종교곡을 많이 남긴 위대한 작곡가였다.

57. 주님을 찬미하여라

Joyful, Joyful, We Adore Thee
Hymn to Joy

(시편 148, 가톨릭성가 401, 찬송가 13)

Sw.   Full 8', 4', 2' without Reeds
Gt.   Full 8', 4', 2' without Reeds
Ped.   Prine. 16', 8' Ged. 16', 8'

Ludwig van Beethoven•
Harold DeCou 편곡

Exuitantiy, with movement (기쁘고 활기차게)

• (1770 독일 Bonn ~1827 오스트리아 Wien) 베토벤은 독일 본에 있는 Minoriten 교회의 오르가니스트였으며 조곡, D 장조 푸가 등 두 개의 오르간 전주곡을 남겼다.

58. 저 들 밖에 한 밤중에 (변주곡)

The First Noël

(찬송가 123)

English Melody

Diane Bish 편곡

Sw.   Oboe
Ch.   Flute 8', 4'
Gt.   8', Flute Harmonique
Ped. 16', 8', Ch. to Ped.

59. 찬미하여라

Praise

Sw.   Diapasons, Reeds, 8', 4'
Gt.   Full 8', 16' and Mixtures
Ped.   Full16', Sw. + Gt. to Ped.

Philip Nicolai

* allargando [lt.] : 속도를 늦추며, 크레센도로 연주

60. 찬미의 노래를 불러라

Praise Ye the Lord of Hosts

Sw. Fl. and strings 8', 4'
Gt. Full
Ped. 16', 8'

Camille Saint-Saëns ●
Albin C. Whitworth 편곡

● (1835 프랑스 Paris ~ 1921 Algiers) 생상은 1853 년부터 1877년까지 마들레느 성당의 오르가니스트로 활약했다. 오르간 교향곡 C단조(Op. 78)가 유명하며, 오르간 곡으로 작곡된 세 개의 전주곡과 푸가, 환상곡, 랩소디 등이 걸작이다.

61. 천사들의 노래가

*Fantasia on a French Carol

(가톨릭성가 101, 찬송가 125)

Sw.   Diapasons and Reeds
Gt.   Diapasons, Mixtures, Sw. to Gt.
Ped.   Diapasons 16' and 8', Sw. to Ped.

Robert J. Hughes
based on the tune. Gloria

*fantasia [lt.] fantasy [Eng.] fantasie [Ger., Fr.] 환상곡 : 형식에 구애됨이 없이 악상이 떠오르는 대로 작곡된 악곡으로서 내용은 시대에 따라 다르다.

* *a tempo* : 본래의 빠르기로　　　** *rit. e cresc.* : 점점 느리게 하면서 크레셴도로

*** *rit. e dim.* : 점점 느리게 하면서 디미누엔도로

62. 천사들의 노래가 (변주곡)

(가톨릭성가 101, 찬송가 125)

Sw.   Reeds 16', 8', 4' Mixture
Gt.   Flöte 8', 2'
Ped. Bordun 16', Gedackt 8', Sw. to Ped.

French Carol

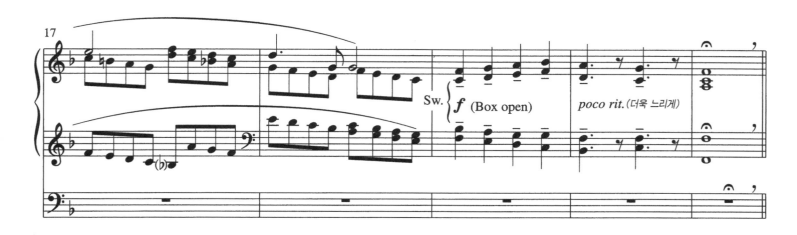

Diap. 16', Octave 8', 4'

+2'

199

63. 천사들의 노래가

Angels We Have Heard on High

(가톨릭성가 101, 찬송가 125)

Sw.　Diap. 8', Fl. 8' , St r. 8', 4' cplr.
Gt.　Diap. 8'-4', Fl. 8'-4'
Ped.　Princ. 16'-8', Ged. 16'-8'
No Trem.

옛 프랑스캐롤
Harold DeCou 편곡

64. 크리스마스의 두 번째 조곡 (자비로운 주님)

Deuxiéme Suitte de *Noëls (Votre bonté grand dieu)

Claude Balbastre ●

1er Noel [I: Principaux 16-8-4-2, Plein-jeu, Cymbale, Trompette 8, Clairon 4.]

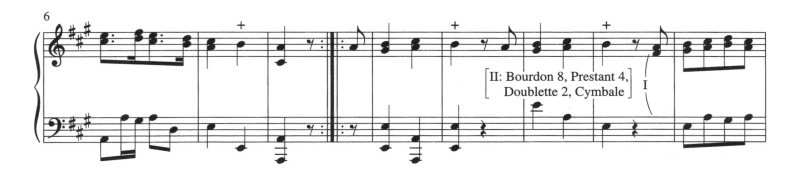

[II: Bourdon 8, Prestant 4, Doublette 2, Cymbale] I

* Noël [Fr.] 노엘 : 크리스마스 또는 프랑스의 크리스마스 민요를 말함. 영국의 크리스마스 캐롤과 비슷함.

** +는 모르덴트(mordent [Eng.], Mordent [Ger.], pincé [Fr.], mordente [It.]로 꾸밈음 또는 잔결꾸밈음)로 연주

● (1727 프랑스 Dijon ~ 1799 Paris) 1760년부터 파리 노틀담 성당의 오르가니스트였고, 유명한 크리스마스 조곡 네 곡을 남겼다.

3ᵉ Var. (셋째 변주)

[II: Bourdon 8, Flûte douce 4, Larigot 1⅓]

65. 크리스마스 접속곡

Gt.   Pr. 8', 4', 2', 2⅔'
Sw.   F1. 8', 4' Pr. 8'
Ped. F1. 16 ', 8'

Diane Bish 편곡

Brisk-non-legato (생기있는 논레가토)

66. 하늘의 사신

Vom Himmel hoch, da komm ich her

(가톨릭성가 488, 성가와 네 개의 변주곡)

French Carol
전옥찬 편곡

Gt. Octave 8' Flöte 8', 4'
CHORAL Ped. Subbass 16' Octave 8'

하 늘 의 사 신 내 려 와 목 동 들 에 게 고 하 대, 거 룩 한 이 밤 복 된 밤, 만 민 아 노 래 하 여 라

Sw. Oboe 8', Gt. or Ch. Gedackt 8' (Flöte 4')
[PARTITA I] Ped. Subbass 16' (Bassflöte 8')

Sw. C.F.(정선율)

Sw. Spitzflöte 8', Sifflett 1'
Ped. Krummhorn 8' or Oboe 8'

[PARTITA II]

[PARTITA III] Sw. Spiztflöte 8' Sifflett 1' (Mixtur)
Gt. Principal 16' (or Bourdon 16') Flöte 8'

Allegro

[PARTITA IV] Gt. Principal 8', 4', 2' Mixtur
Ped. Principal 16', 8', 4' Posaune 16'

simile (똑같이)

non legato (레가토로 하지 않고)

[간주]

CHORAL
Full organ.

Gt.

Ped.

송년과 신년

The year end or New Year's Day

성가정 축일, 주님 공현 대축일,

천주의 성모마리아 대축일 등이 있는 시기

67. 감사노래

Grosser Gott, Wir Loben Dich

(가톨릭성가 77, 찬송가 67)

Roy Brunner 편곡

Sw.   Reed 8'
Gt.   F1. 16', 4'
Ped. F1 16', 8'

68. 핀란디아

Theme from "Finlandia"

Sw.　soft strings
Gt.　Dulciana & St. Diap.
Ped.　Bourdon

Jean Sibelius •

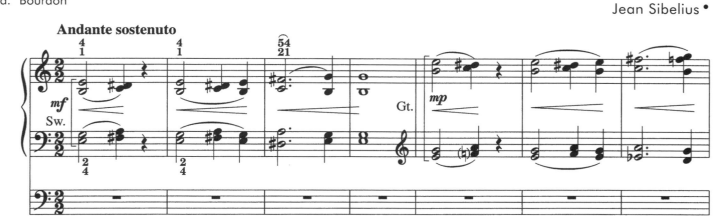

• (1865 ~ 1957) 시벨리우스는 핀란드의 유명한 작곡가로, 이 곡은 시벨리우스의 교향시 '핀란디아(1899)'를 오르간곡으로 편곡한 것이다.

69. 요셉은 마리아와 잘 결혼하였다

Joseph est bien Marie

Claude-Benigne Balbastre

* +표시 는 트릴처럼 연주

**)표시 는 모르덴트처럼 연주

첫째 단의 실제 연주 방법

• (1727 프랑스 Dijon ~ 1799 Paris) 1760년부터 파리 노틀담 성당의 오르가니스트였고 유명한 크리스마스 조곡 네 곡을 남겼다.

2ᵉ Var.(둘째 변주)
[Gt. 8' Trumpet, 8' Flute, 4' Principal] or [Cornet], Gt. to Sw. 제거

Sw. Flutes 8', 4', 2 ⅔', 2', and 1 ⅗'

[Sw. 8' Krummhorn or 8' Oboe, and Flutes 8' and 4']
Majeur (장조)

Gt. Flutes 8' and 4'

* sw. positiv, echo 등과 같이 작은 건반에서 연주

70. 동방박사 세 사람

Three Kings

(가톨릭성가 487, 찬송가 116)

Sw.   Flute 8', 4'
Gt.   Kromhorn (or Clarinet)
Ped. 16', 8'

John H. Hopkins

Albin C. Whitworth 편곡

* solo 악기로 연주해도 좋다.

** rit. = ritardando [It.] : 점점 느리게

71. 동방박사 세 사람

Three Kings

（가톨릭성가 487, 찬송가 116）

Sw.　Soft Reed
Gt.　Flut es 8', 4' and 2'
Ped.　Flut es 16' and 8'

John H. Hopkins
Patricia Lou Harris 편곡

* D.C. al Fine : 곡의 처음으로 돌아가서 Fine에서 끝나시오.

72. 변주곡 "내일 산타가 오신다"

Morgen kommt der Weihnachtsrnann

Sw. Fl. 8', 4'
Ch. Fl. 8'

Johann Christoph Friedrich Bach •

• (1732 ~ 1795 독일) J.S.Bach의 끝에서 두 번째 아들로 성음악 작품을 많이 작곡하였다.

Gt. Pr. 16', 8'
Sw. Fl. 8', 2', ¹/₃'

Variation III

Gt. Pr. 8'
Sw. Fl. 8', 1'

Variation IV, minore (단조)

Gt.   Pr. 16', 8', 4', Fl. 16', 8'
Sw.   Trp. 8', Pr. 8', 4', 2'

Variation V, maiore (장조)

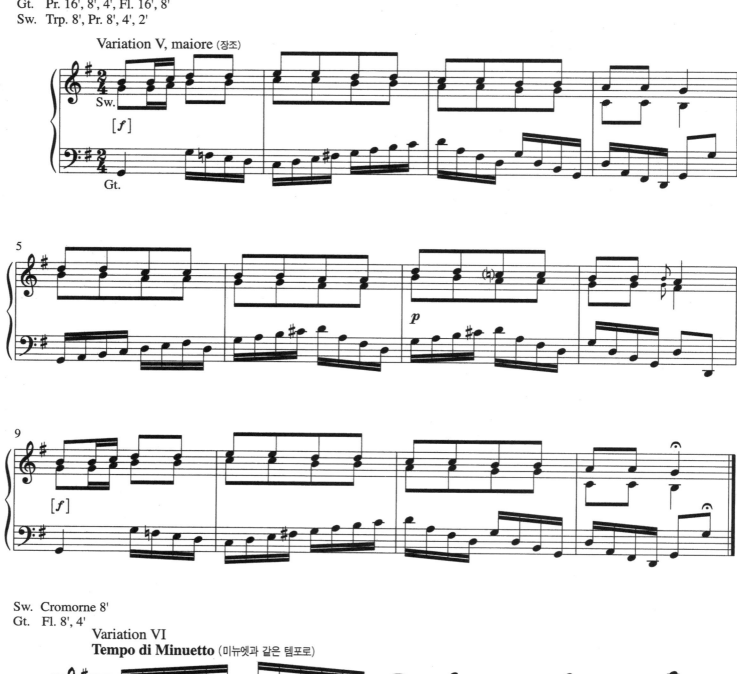

Sw.   Cromorne 8'
Gt.   Fl. 8', 4'

Variation VI
Tempo di Minuetto (미뉴엣과 같은 템포로)

Ch. Cornet
Gt. Gedackt 8', Prinzipal 8'

Variation VIII, *Schwaebisch

* Schwaebisch : 스웨덴 풍의 춤곡으로

Sw. Fl. 8', Celeste 8'
Gt. Prinzipal 8'

Variation IX, minore (단조)
Allegretto

Gt. Pr. 8', 4', Mix. Fl. 8', 4', 2'

Variation X, maiore (장조)

Sw. Ob. 8', Fl. 8', 2'
Gt.   Fl. 8', 4'

Variation XII, *alla Siciliana, **poco Allegro

* alla Siciliana [It.] 알라 시칠리아나 : 시실리아 풍으로

** poco Allegro [It.] 포코 알레그로 : Allegro보다 좀 더 빠르게

Sw. Prin. 8', 4', 2' Fl. 8'
Gt. Prin. 16', 8'

Variation XIII
Allegro

Ch. Fl. 8', Cornet
Gt. Prin. 16', 8'

Variation XVII, minore (단조)

Gt. Pr. 8', 4', Mix. Fl. 8', 4', 2'
Sw. Fl. 8', 4', 2'

Variation XVIII, maiore (장조)

73. 별이 보인다

Stella ista...

Alla breve (♩ = 56)

Marcel Dupré •

II Principal doux**8

I Bourdon 8

Pd. Gambe douce**8

* Alla breve [It.] 알라 브레베 : 2분의 2 박자 풍으로   ** doux(douce) [Fr.] 두, 두스 : 달콤한, 부드러운.

● (1886 루앙 ~ 1971 파리 근교) 즉흥연주의 대가인 마르셀 뒤프레는 12세 때 이미 오르간 연주자로 활동하였고, 후에 길망(Guilmant), 비에른(Vierne), 비도르(Widor) 를 사사하였다. 1926년 파리음악원 교수가 되었고, 1934년 비도르의 후계자로 성 술피스(St. sulpice) 성당의 오르가니스트가 되었으며 많은 오르간 곡을 남겼다.

74. 마리아의 사랑을 위하여 (고대의 성탄곡)

Noël pour l' amour de Marie (Noëls Anciens)

Sw.   Oboe 8'
Gt.   Bourdon 8'
Ped. Bourdon 16', 8'

N. A. Le Bègue

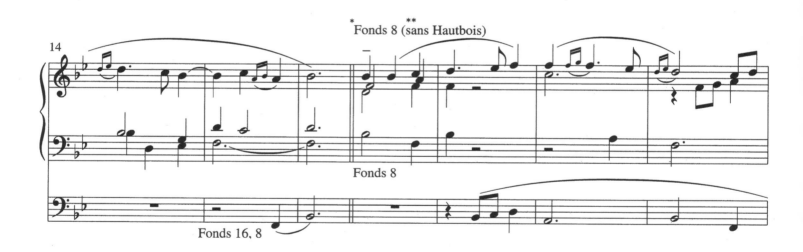

* fonds [Fr.], foundation [Eng.] : 플루트 스톱의 모든 것

** sans Hautobois: oboe 음색 제거

242

75. 마리아의 찬가
*Magnificat

Gt.   Principal 8', 4', 2' Mixture
Ped. Principal 16', 8', 4' Gt. to Ped .

Jean-François D'andrieu ●

* magnificat [Lat.] 마니피캇. '받들어 모신다', '찬양한다' 는 뜻. 성모의 노래를 지칭함.

● *(1682 ~ 1738 파리)* 장-프랑스와 당드리외의 오르간 작품에는 마니피캇, 오페르토레 (offertoire), 노엘(성탄 노래의 변주곡) 등이 있고, 오르가니스트들이 미사에서 연주
할 수 있는 많은 곡들을 작곡했다.

76. *아베 마리아

** Ave Maria

Giulio Caccini ●
전옥찬 편곡

* 이 곡은 성악 또는 oboe, horn 등으로 melody를 연주하고 오르간으로 반주를 해도 효과적이다.

** Ave [Lat.] 인사의 말. 안녕   *** 반복 연주시에는 ⊕ 표시가 있는 마디 9~24를 생략한다.

● (1545 로마~1618 피렌체) 지울리오 카치니는 모노디 양식 (단성음악 또는 특정 시대의 독창음악 형태)을 확립했다. 작곡가로서보다는 뛰어난 가수로서, 더욱 명성을 떨쳤던 카치니의 음악은 선율이 매우 아름다운 것으로 유명하다.

244

ve Ma - ri - a, A - -

- - - - - - - - - - -

1.

Ch.

2.

- A - ve!

D.C. (곡의 처음으로 돌아가시오)

2.

A - men

rit. (점점 느리게)

D.C.

편저자 전옥찬

〈주요 경력 및 저서〉

• 이화여자대학교 음악대학 종교음악과 졸업 (오르간 전공)

• 독일 Köln 국립음악대학 졸업 (오르간 Diplom 취득)

• 독일 Regensburg 가톨릭음악대학 교회음악과 졸업
                    (교회음악 국가자격증 취득)

• 장로회 신학대학교, 서울 장신대학교, 대구 가톨릭 대학교,
  안양대학교 대학원, 한국예고, 아퀴나스 교회음악 연구소,
  언더우드 음악원, 부산 가톨릭 음악원 강사 역임

• 명동 주교좌 천주교회, 서울 목5동 천주교회, 약현성당 오르가니스트 역임
  독일 쾰른(Köln) 교황 요하네스 (Papst Johannes) 성당, 레겐스부르크
  성 엘리자베스(St.Elisabeth) 성당, 성 요셉(St.Joseph) 성당 오르가니스트 역임

• 저서:『성가 반주를 위한 즉흥연주법 교본』
      제1권 (1996년), 제2권(1997년)

      『파이프오르간 연주곡집』
      제1권(1999년), 제2권(2001년), 제3권(2004년)

파이프오르간 연주곡집 (2)

초판 1쇄 인쇄   2025년 2월 24일
초판 1쇄 발행   2025년 2월 28일

편 저 자   전 옥 찬
펴 낸 이   김 재 광
펴 낸 곳   솔 과 학

등   록   제10-140호 1997년 2월 22일
주   소   서울특별시 마포구 독막로 295번지 302호(염리동 삼부골든타워)
전   화   02-714-8655
팩   스   02-711-4656
E-mail   solkwahak@hanmail.net

I S B N   979-11-92404-96-7 (93670)